U0827553

给教育一个远镜头

黄耀红　著

湖南教育出版社

《树人书屋》编辑委员会

钱理群　朱永新　肖川　余文森　成尚荣　张文质

刘良华　李正涛　周勇　傅国涌　刘铁芳

主编:刘铁芳

写在前面的话

刘铁芳

本书系名之为“树人书屋”，意在秉承“十年树木，百年树人”的古训，在日渐浮躁的教育世界中，重温一种尊重人的生命发展规律的教育理想。

“树人书屋”将以随笔为基本形式，以对各种教育生活的幽微叙述为基本内容，以切近教师日常教育生活的方式，促成教育常识的回归。

教育启蒙有赖于理论与实践、学校与社会、教育者与被教育者之间持续不断地对话。

“树人书屋”就是要创建这样一个积极对话的平台，让所有真诚关注教育问题的专家、学者、校长、教师，以及其他关心教育的人士，都能汇聚于此，交流、碰撞，激发关于教育理想的点点心火。

目　录

001　媒体人的教育言说/朱永新

第一辑　教育:“顺其自然”与“行其当然”

007　一声叹息为教育
015　名师崇拜与思想贫困
019　“顺其自然”与“行其当然”
025　教师何以成“通才”
029　专家泛滥与话语贬值
031　离“研究”越来越远
034　教育的温馨
037　儿子的名言
040　我们为什么需要反思
043　文化是最大的个性
049　现代之幸与现代之病
052　从屋顶到星空

057　媒体，请护送教育“回家”
062　如此礼仪，给孩子带去什么
066　没有童话的童年
069　爱情她是个难题

第二辑　语文教育：将孩子引向哪里

075　当“写字”遭遇“打字”
082　不要走向“哲理泛化”
085　“精致化”的背后是什么
088　岂能只放“马后炮”
091　踮起脚尖也“够不着”
095　将孩子引向哪里
098　培植“湖湘语文”
107　多少尴尬在其中
113　选文何其重
118　莫让孩子成为“套中人”
123　革命历史文本：如何叩响当代少年的心
130　如何把握汉字这条“根”
139　岂能如此求“深度”
142　重教化，还是重生命
145　话语里的文化遗痕
149　话语里的集体无意识
152　从心灵抵达心灵

第三辑　给教育一个远镜头

159　给教育一个远镜头

162　教育言说别故弄玄虚
167　课堂如春泥
170　善教者善喻
176　特立独行的智者言说
186　比文章更重要的
188　愚人节的生命内蕴
193　最美丽的体育精神
196　幸福是一种神圣
199　最谦卑的时候最接近伟大
203　诗意·生命·成长
209　寂寞何止一座城
213　矗立于心灵的伟大雕塑
216　树上还有几只鸟
218　信使的寓意
221　跋

媒体人的教育言说

朱永新

2002年，我在湖南讲学的时候，认识了《湖南教育》杂志的黄耀红。其时，他由教师改行当记者和编辑尚不太久。正是这一次短暂的近距离接触，耀红赠给我他当时的新书《没有语文的语文课》，给我留下了深刻的印象。我觉得，他是那种充满理想情怀的教育媒体人。

其实，早就听人说起，耀红曾是一名相当优秀的语文教师，多次在湖南和全国课堂教学大赛中获奖。或许正是这份做教师的经历铸就了他当教育记者的许多优秀素质：敏锐、善良、勤奋、亲和……

就在湖南讲学的间隙，我接受了耀红的采访。后来，他写成了专访报道：《中国教育缺什么》，思想与文笔都显示出较深的积淀与功底。

湖南一别之后，我们就很少联系了。我忙于自己的日常工作和新教育的事业，而耀红去了湖南师大攻读教育学博士，一直忙于他的博士论文。虽未晤面，偶尔在报刊上看到耀红的名字或者当朋友们谈起他的时候，却有一种特别亲切的感觉，记忆也很清晰。特别是，我还非常高兴地得知：耀红那篇关于百年中小学文学教育研究的博士论文，在语文研究学界与中小学语文教师那里获得了广泛好评。

不久前，我收到了耀红寄来的书稿《给教育一个远镜头》，他希望我在前面写一点文字。当时我正忙得不可开交。近段时间，更是一直在外奔波：台北、无锡、南京、杭州、唐山、桂林、南宁、太原、运城、南昌……几乎没有一段宁静的时间。于是，这部书稿就一直放在我的行李箱中，伴随我旅行了差不多半个中国。

直到今天，终于读完了这本教育随笔。

应该说，我随着耀红的文字经历了一次心灵之旅。

我随着耀红为教育亦忧亦叹：为成千上万的小学生每天睡眠不足，为“没有童话的童年”，为离研究越来越远的研究生，为“教育媒体跪着写报道”，为写字和书法艺术的失落，为留守儿童的寂寞……耀红的叹息与忧伤，敲击着我的心灵。我甚至也想唱和一声：“求求你，中国教育，让我们的孩子多睡一会儿吧！”

耀红多年来研究的专业领域是语文课程与教学论。关于中小学语文教育的一组随笔足以彰显他的思想深度。我特别注意到，耀红不只是习惯于质疑与批判，更重要的是他始终在默默地行动与建构。他提醒高考作文不要走向哲理泛化，批评高考作文的精致化倾向，质问语文教育将孩子引向哪里，呼吁语文课莫让孩子成为“套中人”，怀疑小学语文岂可如此求深度……更加令我欣喜的是，他明确地树起了“湖湘语文”这面地域文化下的语文教学大旗，返璞归真话语文。在这里，我看到了他对于家乡湖南的眷恋与挚爱，看到了他对于语文教育探索的执著、坚韧。是的，与耀红一样，我们没有理由不对那片曾经诞生过魏源、曾国藩、黄兴、蔡锷、毛泽东、刘少奇等伟大人物的土地，充满着新的期待。

耀红的教育之思很多时候都来自于生活，来自于教育的现象与问题，来自于心中的焦虑与忧患、激情与信念，他的文字与思想轻盈而灵活，同时不乏理性与厚重，具有较强的可读性。无论是感慨“最谦卑的时候最接近伟大”，还是呼唤“最美丽的体育精神”；无论是祈望“给教育一个远镜头”，还是从平静的课堂里体悟到“幸福是一种神圣”；无论是对“诗意·生命·成长”的吟味，还是在巨大的灾难中感受到“矗立在心灵的伟大雕塑”，我们看到的是，耀红那颗炽热的教育爱心和独到的教育智慧。

《给教育一个远镜头》作为教育随笔，或为隽永的教育散文，或为犀利的教育杂文，文体与风格不尽统一，但是，耀红的文章在给我们带来美感的同时，更给我们留下了许多思考的空间。

我经常呼吁媒体尤其是教育媒体的朋友，不仅仅是做一名“为他人作嫁衣”的编辑，更要像耀红一样，拿起笔记录自己对于教育的思考。只有这样，媒体人才会与作者和读者有更多的共同语言，才能体会写作的酸甜苦辣和阅读的喜怒爱憎，才能敏锐地发现问题，才能把教育媒体办得有声有色。

最后，希望耀红在书中对于教育美丽本性的呼唤能够梦想成真，希望他对于教育丑陋现象的忧伤能够逐渐远去。

2009年5月26日星期二于南昌

（作者系民进中央副主席，中国教育学会副会长，新教育实验总负责人，苏州大学教授、博士生导师）

第一辑　教育："顺其自然"与"行其当然"

如果不加审察与追问，"顺其自然"作为一种教育思想，或者说教育境界有着天经地义的合理性。然而，在教育现实当中，人们并没有真正理解"顺其自然"的深刻内涵。很多时候，"顺其自然"成为他们不锐意进取，甚至听之任之、不作为的美丽借口和理论辩护。

教育远离了自然，远离了生活，孩子们对生活里的“美”越来越麻木。在放学的路上，他们看到的永远都是车流与人流，何曾看到那一轮正从高楼背后升起的月亮——那一轮薄如蝉翼的月亮，那一轮宋词般美丽的月亮？

一声叹息为教育

带着应酬的疲惫，深夜10点半，终于回到家。

儿子还坐在灯下静静地写着作业。我凑过去。他正一笔一画地抄着英语课文：抄一句英文，再抄一句译文。

孩子写字慢条斯理，夜却在一寸一寸地加深。

我纳闷：孩子学英语，最重要的是听与读，有必要这样去机械抄写译文吗？

尽管强烈地感到，此种英语学习方式相当愚蠢，但在孩子面前，我只能窝着。

孩子终于将英文与译文抄完了一遍，足足花了半小时。时间过了11点。儿子说：还有10个英文单词，每个单词抄8篇。晕死！以儿子的速度，抄80个单词，至少也要十多分钟吧。

“还有什么作业？”我拼命压着怒火。

儿子无精打采地翻开语文书：这些词语要听写；又翻开《数学基础训练》：“这里还有4道题。”

天啊！这么做下去，不到 12 点，儿子的作业绝对完不成。而此时，他确实是困极了，似乎坐着就能睡觉。

此时此刻，我的心里真是百味杂陈。想想，任何人的生命都是无法复制的。难道这就是我儿子的童年？这就是他正在经历的小学教育？这样的教育到底能够带给儿子什么？

真不知老师们在给孩子们布置作业的时候，有没有设身处地地替孩子们想一想，做完这些作业会需要多长时间？不知老师们是否试图以多布置作业来显示自己所任教学科的重要性？更不知老师们是否把课堂里要解决的问题移到了课外？

摆在面前的现实是，太多太多的作业将孩子游戏与欢乐的时间挤压得所剩无几了。

有人作过统计，当下小学生睡眠时间达 10 小时的仅占 16.67％，初中生睡眠时间达 9 小时的仅占 13.43％，高中生睡眠时间达 8 小时的仅占 11.24％。强大的应试教育不仅一再给孩子以心理重压，更要命的是，它在摧残着一代人的健康。

教育，本是两个非常美丽的汉字。因为教育，人类得以走向完美，文明的薪火得以代代相传。然而，在当下孩子的眼里，教育究竟在多大程度上展示了它的美好？当教育的视界里失去了鲜活的“人”，失去了全面发展与健康成长，这样的教育到底是“真教育”还是“伪教育”？

教育是从来如此，永远如此么？它可不可以是另外一种情境？

早几天正好重读苏霍姆林斯基的教育名著《帕夫雷什中学》。无论是质朴的教育叙事、深刻的教育哲理，还是澎湃的教育诗情，苏霍姆林斯基——这位终身不曾脱离学校和课堂的教育家，以他的文字向世人昭示：何为好的教育！

那是怎样的一种教育境界啊！走近帕夫雷什，我们是如此强烈地感到：教育，就是用你的心灵书写绿色的诗行。

帕夫雷什中学的周围永远都是明净而高远的蓝天，新鲜与干净的空气，学校周围永远都变幻着自然美景。那里有低缓的山坡，有美丽的河流，有郁郁的森林、常绿的灌木、大片的果园和平阔的农田，那里有晨雾里的玫瑰、暮色中的炊烟，还有成群的蜜蜂、数不尽的野花……

有意思的是，苏氏的教育叙事并没有太指向条块分割似的“课堂生活”，而是学校里丰富多彩的活动。在那里，孩子们可能更多地活跃在果园、田野，活动在学校开设的各种各样的实验室。在老师的指导下，孩子们个个都是充实、智慧与幸福的劳动者，他们有的是植物爱好者，迷上了育种、嫁接、园艺学，有的喜欢上了机械制作、无线电模型，有的跟着老师在葡萄藤下朗读着普希金的诗篇……

生活在那里的老师们，似乎谁都拥有自己的特长与个性，他们总是真诚而热情地讨论着，独立而执著地思考着，快乐而自由地交流着，他们因教育这一职业而感到来自心灵的幸福，他们因研究教育的问题、孩子成长的问题而由衷的高兴！

教师的个性特长成了孩子们学习的对象。喜爱文学的教师，指导着低年级的儿童剧团，辅导着孩子们的文学创作；喜欢物理的教师，则让孩子们迷上技术，迷上发明；对于大自然情有独钟的教师，跟孩子们讲各种生物现象与规律；喜欢音乐的教师，指挥孩子们弹奏风琴、搞合唱……

这里，不妨摘录苏氏的一段文字：

我校有一个传统，每逢暑期每个教师都要带孩子们到野外去宿营几天。孩子们特别喜欢在草场上宿营。他们迫不及待地盼着那些令人神往的夜晚的到来，那时，他们将在繁星闪烁的夜空下，在散发着清香的干草堆上，倾听关于远方国家和遥远星空世界的故事，静听夜的沙沙声。繁星的闪烁，可口的稀粥，篝火引燃的炭火，黎明前那逼人躲进草堆的寒气，河岔中的戏水。这一切，都在孩子们心灵里留下不可磨灭的、无法忘怀的印象。

别说是当年体验着这种教育的孩子，就是我们今天读来，依然是那般神往！

对照中国当下之教育图景，我们感觉苏氏所描述的简直是教育的世外桃源。

今天，无论城乡，我们的孩子都是千篇一律地坐在教室，盯着黑板上苍白的字迹，盯着书页里的算式与定理。别说远足与宿营，即令每期一次的秋游、春游，都流于形式。在孩子们眼里，久盼的秋游、春游亦不过是纵情吃零食、纵情打游戏的一个值得期待的日子而已！

教育远离了自然，远离了生活，孩子们对生活里的“美”越来越麻木。在放学的路上，他们看到的永远都是车流与人流，何曾看到那一轮正从高楼背后升起的月亮——那一轮薄如蝉翼的月亮，那一轮宋词般美丽的月亮？

唯有一声叹息。

在这个“人气”与“注意力”随时可以转化为钞票和利益的时代，我们看到：多少大小“名师”，一到假期便奔走于全国各地，演讲、作报告、做课，可谓日理万机。“名师”之课堂实录、教学笔记、教育随笔，只要写成了文字，无论精粗，杂志社、出版社都会找上门来“订货”，甚至是天价“订货”。当“名师”们疯狂地借着周末或假期，今天广州明天上海后天西安地飞来飞去，他们还能有多少静思默察的时间，他们还能宁静以致远吗？他们的思想库存、知识库存中到底还会有多少新的、值得期待的东西？

名师崇拜与思想贫困

一

无论是功成名就、名垂史册，还是沽名钓誉、追名逐利，种种与“名”相关的语词一再提示我们：“成名”与“出名”总令芸芸众生趋之若鹜。

生而为人，我们总是希望通过他者来确认自我。他人不是地狱，而是观照自我的镜子。自我从他人那里获得的认同程度越深、范围越广、情感越强烈，人就越能感受到自身的价值与人生的意味。然而，人在寻求他者认同这一点上，似乎永远都不可能知足常乐。或许，我们每个人的心里都曾潜伏着“一举成名天下知”的梦想。

自己渴望成名与羡慕已经成名者，皆属人之常情。毕竟，我辈凡俗之人，无论怎样狠斗私心一闪念，最终无法真正将“名利”二字从人生的字典里删除。在崇尚“内圣外王”的儒家文化浸淫下，建功立业、问鼎功名从来就被当作中国思想传统中的“入世精神”来对待。我们是在这种文化土壤里长大成人的。

因此，我们丝毫没有必要谈“名利”而色变，或者视“名利”为精神之对立物，而对其投去鄙夷的目光。我以为，只要未被“功名”目标遮蔽人生的意义，只要不是挖空心思去浪得虚名，只要不是损人利己或唯利是图，我们完全可以站在维护个人权利与追求个人幸福的立场上来谈论“名利”，而没有必要故作清高地对“名利”嗤之以鼻。

二

就像每条湍急的河流里从不缺乏浪花一样，这个世界从不缺乏“名人”。

非但不缺，而且还层出不穷，波推浪涌。且不说彪炳史册的英雄豪杰，也不论纵横天下的风流人物，单说现代社会中每个行业、每种职业群体中，哪一个不是“名人”荟萃，人才济济？

名人何以如此之多？在思想信仰、价值观念、思维方式、生活方式多元并存的时代，社会公众的注意力越来越难以长久地聚合到某个人物、某个事件身上，因此，每个寻常的生命都极有可能淹没于市场鼎沸和众声喧哗之中。本来，“泯然于众”是绝大多数人无法逃脱的命运。不论生在哪个时代，这都是一种必然，没什么大惊小怪的。然而，人们又强烈地体味到公众注意力就是商机、就是金钱、就是经营与投资的时机。在汲汲于名的浮躁世风下，越来越多的现代人往往按捺不住不曾闻达的生命寂寞。他们试图以一种手之舞之、足之蹈之的张扬姿态来赢得公众的目光。特别是对于那些在“观众眼球”里求生存、获利润的演艺名星们来说，为了成“名”，不惜使出浑身解数，恶搞、炒作、男女绯闻，无所不用其极。

现代社会的人心到底因何而变得如此浮躁？此中深刻的社会文化原因非三言两语可以道尽。但有一点可以肯定，那就是在相当长一段时间里，我们一以贯之的、以集体主义为突出表征的主流教育使得人们多多少少淡忘了自我的存在。固化的教育给了我们固有的思想模式：在小草与大树之间，我们会选择默默无闻的小草；在红花与绿叶之间，我们会选择绿叶。因此，我们总是小心翼翼地回避着自我、回避着个性。我们非但不理解自我宣传，甚至还会情不自禁地将必要的自信当成自吹自擂。可是，忽而到了某一天，人们才突然发现：就在这种隐没自我、亦步亦趋、谨小慎微之中，在含蓄与自谦之中，我们周围的氛围渐渐变得唯唯诺诺、死气沉沉。

在我看来，今日社会中的“自我膨胀”“名人满天飞”的怪现状，其最初的出发点可能就是对昔日主流教育的一种过正的矫匡。

人人想着成名。于是，在已经成名者面前，人们存在或表现出欣羡、追随、敬畏等心理都属正常，亦无可厚非。真正的大师也是值得全社会敬重与爱戴的。问题在于，眼下，名人满天飞，而真正称得上“名人”者又有几何？

这是一个大师鲜有、而犬儒充斥的时代。

三

现在，我们将目光锁定在教师群体，锁定在这个群体对于“名师”的态度上。从孔夫子、陶行知、徐特立到当下教坛的群星闪烁，不同时代有不同时代的名师。名师之“名”有大有小，扬名之时有长亦有短，甚至“名师”中有真亦有假，名师面对的时代际遇更是迥然有异。对于历史上的名师，我们只能凝视那些发黄的老照片，读着他们的著述与文章。至于他们在自己生活的那个年代，是显赫还是寂寞，是隐于世间还是受到众星拱月般地追捧，我们无从得知。但，逝去的名师们，可能难以享受到今日之“名师”的风光无限。

今天，倘若一个教师可以堂而皇之地以“著名”相称，能被人异口同声地称为“名师”时，意味着他就成了基础教育界的公众人物，特别是，他成为一种具有市场价值的、独特的“教研资源”。在这个“人气”与“注意力”随时可以转化为钞票和利益的时代，我们看到：多少大小“名师”，一到假期便奔走于全国各地，演讲、作报告、做课，可谓日理万机。“名师”之课堂实录、教学笔记、教育随笔，只要写成了文字，无论精粗，杂志社、出版社都会找上门来“订货”，甚至门庭若市。

这到底是一种怎样的现象？我们理当如何看待名师及名师现象？

从名师产生过程来说，与任何一个行当没有区别，一个人要在自己的专业领域从显山露水到扬名四海，必先苦其心志，劳其筋骨，既有坚韧不拔之志，又有出类拔萃之才，同时，还少不了前辈的奖掖、机会的垂青乃至平台的奠定。

名师成名，其必有因。但是，名师也无需装神弄鬼，一切名人皆常人。我们想想看，当“名师”们疯狂地借着周末或假期，今天广州明天上海后天西安地飞来飞去，他们还会有多少静思默察的时间，他们还能宁静以致远吗？他们的思想库存、知识库存中到底还会有多少新的、值得期待的东西？

人们早就发现，即令是所谓“全国著名教师”，他们玩的套路亦无非是带着几堂像模像样的“成名课”四处周游。一堂老课，上个月在山东上了，下个月再到海南一试。此间，除了顺带游山玩水之外，一份不菲的报酬也不能不说颇具吸引力。

有一个被媒体吹得神乎其神的“名师”，笔者前后在三个不同地方听过他的精彩报告。第一次在长沙听，尚觉新鲜；两年后到青岛参加一个会，“名师”依然是座上宾，照例归他做报告，内容大同小异，审美于顷刻间疲劳；第三次，到了昆明，名师依旧，报告依旧，课堂依旧。听着这些“著名的”陈词滥调，顿觉面目可憎。只好勉强听到一半，才逃也似地退出会场。

“名师”做课，亦并非真正抱荆山之玉，无非是炒来炒去的几碗“剩饭”而已。据说有位名师到哪里讲公开课，都上一堂《中国石拱桥》，他甚至在戏称自己为“修桥大师”时毫无愧色。

种种浮躁和病态的现象把我们引向一个根本性问题。我们到底想要从名师那里得到什么？换言之，名师们到底能够为我们提供些什么？在这里，我们绝非抱着“酸葡萄心理”妒嫉“名师”的话语权和数钞票的得意劲，只是想借以引起教师们透过这些表象，来深刻反思当下中小学教育科研的有效方式，进而反思中小学教师专业成长的有效途径。

也许，对很多一线教师来说，名师经验、名师思想乃至名师成长轨迹都胜过“有字之书”。我们丝毫无意于否认名师报告的启迪性，也并不怀疑名师教学的示范性或研讨价值。与君一席话，胜读十年书。为教师提供与名师对话的时间与空间，这无疑是基层教研的组织方式之一。但是，如果整个基础教育界群起而效之，并且还将“名师”当成某种可以牟利的商业资源，这样的教研方式就非常危险，必然发生可怕的异变。

有人可能要说，中国幅员辽阔，而名师资源如此有限，让他们飞来飞去讲讲学，实现思想资源的共享，何错之有？更何况，名师的报告确实受到了一线教师的空前欢迎甚至近乎崇拜，难道这样的教研有什么不对吗？

首先，如果你硬要见到名师的“庐山真面目”，你尽可以花个几千上万让他或他们坐火车、坐飞机到你们那块地上传经布道，那样，无疑更有现场感，更能互动，甚至还可以趁机跟名师们合影。但在我看来，在信息传输如此迅捷的时代，在网络互动如此频繁的时代，一个人静静地读名师的文章、看名师的书或者观看名师教学的录像，难道这样的学习方式就敌不过名师那一场并不新鲜的报告、那一堂讲过N次的老课？一个老师若真正懂得要自己读书，懂得怎么读书，懂得什么书是好书，不出几年，他一定变得与众不同，何必一定舟车劳顿地去“见”名师？正如钱钟书先生所说，吃到鸡蛋就可以了，何必认识那只生蛋的鸡？

其次，一线教师对名师的追捧与迷信，表面看是教研积极性高。然而，它又恰恰说明：我们的教师群体在根本上还是一个思想贫困的群体。说其思想贫困，主要表现就是盲目崇拜名师。一个人只有在什么时候才会盲目崇拜他人呢？太多的现实表明：对他人的崇拜，在很大程度上也标志着自我的浅薄和无知。特别是你所崇拜的对象本身并不深刻的时候，这更加注定了你取法于中，得乎其下。

如果名师们随便说点什么你都觉得耳目一新，那你必须先反问自己：是不是平常阅读太少、积淀太薄？如果你总觉得名师们思想深刻，那你也得反思：是不是自己的思想早就成了“精英思想的跑马场”？你独立的判断力是否还存在？一句话，如果你自己站的位置很低，你看人的角度就会是仰视；如果你设法站得高一点，再高一点，你的眼睛就可以与任何人对视了，包括名师。

四

对于教师来说，思想贫困是最大的贫困，它比经济贫困、知识贫困都更为可怕。

中小学教师怎样才能在提升自我的台阶上拾级而上？我以为，至为关键者，是且思且读且行。就是说，让自己不断发现教育教学生活的问题；不断阅读，通过阅读与他者对话；不断行动、体验与反思。套用哲学上的话说，就是我思故我在、我读故我在、我行故我在。我以为，有此三者，胜却人间无数。即令你从不去听名师一节课，从未听到名师一场报告，我可以肯定，你一定是出类拔萃的教师。或许你并不很有名，但你绝不会泯然于众。

审察当下中小学教师队伍，由于强大的体制约束力，他们最缺乏的恰恰是点亮那一盏阅读的长明灯。而在庸常的教育生活中，种种检查和规章，又将他们的时间切成碎片，并将他们死死钉在办公桌前应对各种琐屑。他们究竟还有多大的自由空间，真的很难说。在科层式的教学管理中，一个脑袋代替着无数脑袋，长官话语代替着无数声音。这不能不说是生长思想贫困的土壤。

或许，中小学教师群体是最容易被“忽悠”的一个知识人群。精英们的某些只言片语立马被他们奉为玉律金科、乃至绝对真理。这不是某一个教师的精神痼疾，而是整个时代的精神痼疾，整个教育的精神痼疾。

如果说，失却社会责任感的媒体与出版社将“名师”当成了获利工具，成为名师迷失自我的外在诱因的话，那么，中小学教师群体的思想贫困本身也成就着“名师”的虚荣与风光。眼下的当务之急，不是机械地、简单地抵制名师的报告与做课，而是要由这种崇拜情结中深切反思和构建中小学教师教育与培训的制度、理念、策略与方法。

我知道，还有人可能心存疑问：在“超女”“快男”都成为人们崇拜之偶像的时代，你何以偏偏拿几个“名师”来说事？就赚钱来说，名师讲座上课不及明星们之万一，岂不是抓了芝麻丢了西瓜吗？追星这个问题太复杂了，它涉及社会文化的方方面面。我只能说，就因为你是教师，就因为教师应当是人类最优秀的知识分子，就因为教师有着与寻常大众不同的文化地位与文化使命，我们不能崇拜，更不能让自己的思想安于贫困。

我们无法让孩子们不再挥着荧光棒，不再跟着名星们疯狂，但如果有一群银发闪闪的老教授也一样跟着迷狂，那我们就应当为文化“不堪承受之轻”而感到深重的悲哀。

如果不加审察与追问，“顺其自然”作为一种教育思想，或者说教育境界有着天经地义的合理性。然而，在教育现实中，人们并没有真正理解“顺其自然”的深刻内涵。很多时候，“顺其自然”成为他们不锐意进取，甚至听之任之、不作为的美丽借口和理论辩护。

“顺其自然”与“行其当然”

一

何谓“自然”？自然是人类栖居的生态环境，是亘古不变的固有规律，是人类对于天性的彰显，是一种自由自在的存在状态。

“自然”总让我们联想到山高水长、地老天荒；联想到莺飞草长、云卷云舒，联想到所有生命的春华秋实和新陈代谢；联想到冥冥中一切先在的程序、过程与规律；联想到返璞归真的人生追求和“清水出芙蓉，天然去雕饰”的生命状态，联想到去除了遮蔽的生活本色和“习惯成自然”的人生历练。

其实，“自然”并不只是一个寻常的生活语词。早在几千年前，我们的先人就将“自然”提升到哲学的高度，并赋予它宇宙本体论地位。

最为典型的言说莫过于庄子：“人法地，地法天，天法道，道法自然。”在这里，“法”即“取法”与“模拟”之意。所谓天人合一，天道与人道的合一，其核心就在于一个“法”字。因为“道法自然”，人类得以自由地与天地精神相往来。

可见，“顺其自然”这种妇孺皆知的话语里蕴含着深刻的中国文化精神，它所反映的，与其说是一种思想与行动的方法，不如说是一种普遍的世界观、价值观与人生观。

“顺其自然”乃人类的处世之道，它所描绘的是人与自然的理想关系，意味着人对自然规律的尊重与顺应。确实，面对奔腾的江河，一味地“堵截”显然无济于事；顺着水势加以疏导，桀骜之江河终将变得温驯可爱。

顺应自然规律就是顺应人生规律。生命是一个不可逆的神奇过程，生活里有着太多不可违的天命。倘若你错过了春天的播种、夏日的耕耘，秋天就不可能富饶，冬天也不可能温馨。

“顺其自然”也是一切艺术与审美的崇高追求。书法、绘画、雕刻、唱歌，不管哪一种艺术形式，无不以“自然”为美。哪种艺术一旦与“自然”相悖，一旦陷入矫揉造作的误区，它的艺术生命便宣告终结。可以说，在艺术作品里，自然与生命就是最为强大的美的力量。

作为一种人生境界，“顺其自然”表达了人们对于天性与自然的向往，对于所有羁绊与压抑的厌恶。然而，在“顺其自然”的人生追求中，很多时候，我们自觉或不自觉地远离了“日月之行，若出其中；星汉灿烂，若出其里”的阔大，远离了“怒发冲冠凭栏处”的愤激，远离了“丈夫何不带吴钩”的豪迈，而更多地亲近着“行到水穷处，坐看云起时”的闲适与写意。特别是在老庄思想的渗透下，“顺其自然”又很容易成为逃避生活中困惑与矛盾的遁词，转化为一种消极、无奈与虚无。

二

早就有人说过，教育不像工业，而更像农业。

与教育相关的意象不可能是灰色的工厂，而只可能是绿色的田园。我以为，将教育类比为农业，其深刻之处就在于揭示出教育系统的生态性与教育的生命性——教育与其说是基本知识的授受活动，是特殊的认识活动，不如说它是让生命变得丰富而美好、充满超越与创新、体验成功和幸福的生命交互活动。

当我们确证“教育”这一场域属于生命和绿色之后，“顺其自然”的教育境界在本质上就是顺乎天性成长的教育境界。在教育思想史上，自然主义教育家卢梭的思想核心就在于“顺其自然”。在顺其自然的思想影响下，我们总会不由自主地去将人的成长过程类比为花草树木的成长过程，这种过程不以人的意志为转移。我们只能适应它，而不可人为地改变它。揠苗助长这一经典隐喻，千百年来一直警醒着世人不要悖逆自然之道；龚自珍的“病梅”意象，更是表达出教育要适应人之天性、回归生命本然的理想追求；在马克思关于人的全面发展理论中，我们同样可以从中获得教育要“顺其自然”的智慧启迪。

如果不加审察与追问，“顺其自然”作为一种教育思想或者说教育境界，有着天经地义的合理性。然而，在教育现实中，人们并没有真正理解“顺其自然”的深刻内涵。很多时候，“顺其自然”成为他们不锐意进取，甚至听之任之、不作为的美丽借口和理论辩护。

教育生活中，我们经常被一些似是而非的观念左右着。比方说，孩子学习不用功、不专心、成绩不理想、潜力没有发挥出来，人们马上可以从许许多多先进的教育思想中获得安慰。诸如，孩子学习不要给他太多的压力，一切顺其自然。于是，我们相信教育的真谛在于等待与唤醒，我们强调“教育是慢的艺术”，我们“蹲下身子”跟孩子说话，生怕给了他们一点点学习的压力，谨小慎微地说着话，唯恐伤了孩子的自尊。我们完全照着种种先进的思想在行动，可是结果呢，孩子依然一脸无所谓，受不了挫折，拒绝任何磨难与艰苦。他们在“自然”地成长。

因此，我觉得，当我们津津乐道于“顺其自然”的时候，我们非常有必要反思这个命题所隐含的前提。为什么要“顺其自然”？显然，这里的前提是：“自然的”才是最好的，或者说“自然”是不可抗拒的。

庄子所谓的“道法自然”，这里的“自然”是一种生命自由自在之境；大禹“顺其自然”地治水，这里的“自然”乃江河奔流的自然规律；艺术创造中的“自然之美”，是指主客无间的一种艺术意境。在这些语境下，“自然”确实是一种纯粹而美好的存在。

然而，到了教育场境下，所谓“顺其自然”中“自然”主要指称的是人的“天性”；顺其自然几乎可以转化为“顺乎天性”。这样问题就来了：人的天性就一定值得我们顺应吗？我们知道，天性中有很多很多宝贵的成分，如爱心、善意、纯真等等。同时，天性中也有很多需要我们抑制或克服的成分，如自私、懒惰、虚假等等。人性之复杂就在于它是善与恶的并存。教育活动存在的根本价值在于，它要抑制天性中恶的成分，让人求真、向善、趋美。既然“天性”是美丑并存的复合体，我们又怎能以一句“顺其自然”笼统言之呢？从实践看，不加分析地标举“顺其自然”，我们就不由自主地会淡化教师和家长的引导功能，甚至放逐教育的价值导向。

人的天性中有贪图享受的成分。如果不是理性的约束与提醒，或许每个人都潜在着放纵自我的冲动。即令如我们这样的成人，有时一项工作任务来了，也免不了一拖再拖，不到火烧眉毛便不想动手。这就是天性中的懒惰。我们一辈子都可能要有意识地去战胜这种懒惰的天性，人生才可能做更多有意义、有价值的事情，才能成就自己的理想。处于成长中的学生，更是这样。他们能否有意识地战胜自己身上的人性弱点，很多时候取决于教师的鼓励与鞭策。应当说，在很多时候，教师的这种鼓励与鞭策，并非“顺其自然”，而是反其“自然”。

三

关于求学，千百年来，我们的祖先留下了太多朴素的公理。比如，“学海无涯苦作舟”。确实，求知问学，焉有不苦的道理？“天将降大任于斯人也，必先苦其心志，劳其筋骨，行拂乱其所为”。

苦学，是顺乎自然吗？按照人的自然天性来说，趋乐避苦恐怕是人之常情。因此，苦学二字不可能是“顺其自然”的题中之义。如果没有学生的刻苦学习作基础，我们的教育能在多大程度上获得成功，实在可以打一个大大的问号。没有“三更灯火五更鸡”的问学精神，要想在求知的道路上走得更远，恐怕永远只是一种幻景。

然而，教育理论发展到今天，先人们讲的刻苦学习，似乎已极其老土了。确实，与那些漂洋过海而来的“蔚蓝色”理论相比，它们与人之“自然”极不和谐。于是，教育学者们大力鼓吹“愉快学习”，鼓吹“乐园教育”。因为，追求快乐是人之天性。种种以“乐”命名的理念着实迷人，然而，离开了刻苦与务实，我很怀疑它的效果。

先人们千百年来关于苦心向学的经验何以不敌几句“愉快教育”的空洞口号？一个非常重要的原因在于，我们对教育的思考从来就不是立足于我们既有的传统，而是唯西是瞻，寄望于理念的引进和话语的革新。在新名词与新理论的狂欢中，我们看到的是无数教育学者们在理论的言说世界里自说自话，翻云覆雨。

笔者无意于否定“教育要顺其自然”这一命题，只是觉得要细细分析这一命题所依存的前提。我们不能因为教育的“自然”而忽视了教育的“当然”。

当然，即“应当如此”。教育在顺其自然的同时，应行其当然。行其当然，就是说教育要有引导学生克服人性弊端的理想与目标，要从庸常中实现生命的超越。在这里，“当然”就是一种理性，一种信仰，一种感召，一种先在的传统与规范。我们不能因强调“顺其自然”而忽视了“当然”的追求。在教育实践中，“行其当然”意味着教育需要批评，需要激将，需要规矩与尺度，需要来自教师、家长及整个成人社会的价值引导。这些内容原来都不在“自然”之列。

我们永远将在教育的理想与现实间、传统与创新中不停地行走。这就注定了我们的教育总需要既“顺其自然”又“行其当然”。

教育的根本目的在于促进“人”的全面发展，专业发展只是“人”发展的一个向度。仅仅在专业上的单向度发展，无疑不是好教育所追寻的目标。因此，越是期待学生的全面发展，越是期待通才学生的出现，就越应该强调通才教师培养的重要性与必要性。

教师何以成“通才”

通才，这个词很容易让我们想起古典时代的知识分子，想起知识尚未学科化，社会尚未专业化、职业化的时代，想起孔子、孟子、庄子、苏格拉底、柏拉图、亚里士多德等“百科全书式”的文化人物。

知识的学科分化、社会分工的专门化与职业化，是近现代社会发展之必然。在专业化语境下，孔夫子所说的“君子不器”的人格理想渐行渐远，绝大多数知识分子都囿于各自的专业领域，成为“专业技术人员”。定位于“专业技术人员”的知识分子从一开始就已被告知要“专门”，要“专业”，即拥有某个学科领域的专业知识，掌握相关的专业技能，拥有一个专业平台，赢得相应的专业地位，进而拓展自己的人生与事业。

我们讨论“通才教师”的培养无法回避这种宏大的社会思想背景，但这并不意味着“通才教师”的培养不是一个现实问题。倡导“通才教师”的培养，并不意味着要回归到专业界限模糊的古典时代。我们所说的“通才”，其涵义可表述为：一个当代教师在知识结构上要自觉地追求学科的综合与沟通，追求文与理、人文与科学的圆融。

教育的根本目的在于促进“人”的全面发展，专业发展只是“人”发展的一个向度。仅仅在专业上的单向度发展，无疑不是好教育所追寻的目标。因此，越是期待学生的全面发展，越是期待通才学生的出现，就越应该强调通才教师培养的重要性与必要性。

然而，从当下的实际考察出发，“通才教师”的培养与成长仍然十分困难。

什么原因呢？我以为，这与中小学教师专业成长中的技能化取向紧紧相关。

盛行于1960年前后的美国圣西门专业主义曾将专业人员的培训方式概括为“医学模式”，即从理论科学始，然后是应用，最后是临床经验。后现代课程论学者小威廉姆·E. 多尔认为，现代教师的培训模式正是这种医学模式。在这种模式中，理论科学被视为确定的、普遍的、系统化的专业知识，个体的实践过程就是运用理论去解决实际问题的过程。可以说，实践就是对理论的证实或证伪。实践不具有独立的价值，它只是依附于理论的一种存在。受此模式影响，教学实践过程成了学科知识和教育学、心理学原理与技术的合理运用过程，教师的专业程度凭借对这些专业知识、原理、技术的熟练程度来保障。因而，不论是教师职前教育还是职后培训，我们在课程设置上普遍采取的是“学科知识加教育学、心理学”的模式。

在“医学模式”下，理论与实践、知识与人之间处于分离状态，教学过程仅仅成为理性知识的单向传递过程，成为普遍原理应用于实践的过程。对理论绝对性和技能普遍性的强调，使得本该生动的教学实践只能龟缩于各种预设之中，失去了生成与创造的活力。

一般认为，教师的教学专业知识包括三部分，一是以学科知识为主的本体性知识，二是以教育学、心理学为主的条件性知识，三是来自于真实教育情境的实践性知识。所谓“通才教师”，意味着他的本体性知识应当不断地向着相关学科、相邻学科、相连学科扩展、延伸。如果把本体性知识比成一个圆圈，那么，教师固有的专业知识可视为这个圆圈中最为核心的一层，暂且称为“大本营”。所谓由“专才”走向“通才”，首先就是要沿着这个“大本营”，有意识地去探寻邻近的知识领域。如语文教师应走进哲学、历史、文化、艺术、美学等学科。我们把这样的知识拓展称之为知识的“同质拓展”。还有一种“异质拓展”的方法，即语文教师有意识地进入与人文科学、社会科学相异的自然科学领域。如了解欧氏几何、非欧几何，明白牛顿的万有引力、爱因斯坦的相对论、普朗克的波粒二象说，等等。

对教师而言，“专业知识”是其发展的轴心，有意进行“同质拓展”者不乏其人，但能自觉进行“异质拓展”的教师相对较少。事实上，只有两种拓展同步协调，两种知识扇面同时打开，我们才会越来越靠近“通才教师”。

早在 1952 年，爱因斯坦就在《培养独立思考的教育》中说过：“用专业知识教育人是不够的。通过专业教育，他可以成为一种有用的机器，但是不能成为一个和谐发展的人。要使学生对价值有所理解并且产生热烈的感情……他必须对美和道德上的善有鲜明的辨别力。”这就启示我们，在教师的专业发展中，有一种知识是根本性的、共通性的，那就是关于教师生命价值与生命意义的知识。从这个意义上说，不论是文科教师还是理科教师，都应当以通识性的“人文知识”为自己的精神垫底。在我看来，“通才教师”特别应当拥有较好的语言、文学、艺术、美学的修养，终身学习关于“人”自身的课程，重视人文课程的引领作用。正如张楚廷教授所说：“人文课程是引导学生个体做人、成人、人化的课程，是使人高大的课程，是引导学生走向真善美的美好人生的课程，是避免人异化的课程，是阻挡人走向假恶丑的课程；人文课程也是促使科学创造造福于人的课程，是促使社会更能维护人的尊严、自由和幸福的课程。”人文课程的引领，带给教师的远不是具体的方法和技能，而是启发教师对“人”的思考。只有具有人本立场与人间情怀的教育，教师才不至于在狭窄的专业领域里成为“教书匠”，才有可能成为具有终极关怀精神的“公共知识分子”。

从“专家”浮泛中，我们看到的是什么呢？是一种不切实际的文风，一种浮夸式的思维方式，一种跪着写作的视角。

专家泛滥与话语贬值

生活中，出于交往礼节，不管他是不是真专家，我们都可以以“专家”相称，这本是无可厚非的事。但是，作为媒体，情况就不同了。

媒体是社会公器，它代表的不完全是记者个人观点，而是一种公共立场。站在公共立场上，如果不负责任地滥用“专家”之名，实际上是在为真正的“专家”降格，也就等于消解了“专家”的真正内涵。我以为，在当下，“专家”之所以成为一个到处飞扬的俗滥语词，与媒体制造的话语贬值不无关系。

可能有人会说，称不称“专家”纯粹是个人看法，没有一个客观标准，用不着如此小题大做吧？确实，我们没有认定专家的标准，也没有这样的机构，但是，这并不等于说没有标准。我们没有判断一部作品成为“名著”的标准，但我们心中自有公认的“名著”。同理，我们可以没有判定一个人是不是“专家”的标准，但我们心中自有公认的“专家”。

其实，话语贬值早已成了我们这个时代的媒体症候。在话语贬值的今天，用“专家”已不算什么稀奇事，没用“著名专家”就算有自知之明的表现。

从“专家”浮泛中，我们看到的是什么呢？是一种不切实际的文风，一种浮夸式的思维方式，一种跪着写作的视角。

吴非有一本杂文集叫《不跪着教书》。我非常欣赏这个书名。不跪着，就是要有尊严，有刚正，有气度。套用他的话说，我们的教育媒体，特别是那些采访人物的报道文章，最要记取的是“不跪着”写报道。

只有当记者意识到自己的这支笔不仅在表达个人的思想，而且在代表公众立场的时候，媒体的文字才不会流于轻艳浮华。我们才能真正为天地立心，为生民请命，为往圣继绝学，为万世开太平。

什么时候，我们的教育报道真正实事求是、关注问题？

什么时候，那些肤浅而廉价的表扬才能淡出我们的视线？

高等教育怎样走？我们太需要一种实事求是的精神，一种深沉的品格和气度！

离“研究”越来越远

十多二十年前，谁要是研究生、硕士，一定能在社交场合里赢得相当的敬重。那时候，研究生是水平与学识的象征。想当初，研究生毕业留在高校任教或进入其他高校工作，都是极其普通的事情。在那个时代，研究生作为知识界的精英群体，多少可以体验到“物以稀为贵”的优越感。因此，在很长一段时期，考研与读研成为年轻人改变自身命运、改变人生航向的转折点。

研究生教育是本科教育之后的一种高层次教育。“研究生”这一称谓实际上已经表明了这一层次教育的主要目标，即进行严格的学术规范训练，为学术研究培养人才队伍。研究生因“研究”而存在。

然而，现在“研究生”早已名存实亡。随着高校大规模扩招，研究生招生规模也急剧扩张，而社会就业形势已越来越紧张。于是，研究生就业形势也一年紧似一年。在当下，研究生求职早已斯文扫地，毫无优越感可言。今天，谁再说自己是研究生，是硕士，大概没有多少人会对你投去欣羡的眼光。过去，研究生留校还可以挑三拣四，现在呢，研究生很少能有机会走上高校讲台，即使像学生辅导员这样的职位，都是几个甚至十几个研究生在竞争。

研究生，连找个“饭碗”都成了问题，还奢谈什么“研究”？

过去，一个蜗居于乡下的中小学教师，一旦考取了研究生，就意味着至少进入高校教书没有问题。机会好的话，连老婆调动的问题都可以一揽子解决。可现在，研究生要进一所好一点的中学任教，都得经过层层选拔。研究生想在中学谋一个职都显得极为不易。

笔者认识两位研究生，他们原本都是中学教师。为了改变境遇，他们刻苦准备，终于考研成功。然而，现实的反讽在于，等他们三年拿下硕士学位之后，他们竟然找不到如意的工作，甚至想回原单位都成了问题。

有人说，过去的专科生相当于现在的本科生，过去的本科生相当于现在的研究生，过去的研究生相当于现在的博士生。这种比较也许只是一种主观感觉，没有事实与数据为凭。但它所透露的信息却是公认的：那就是尽管高等教育规模在不断扩大，学校规格在不断提升，但培养出来的人才质量却今不如昔。

只有少，才可能精；一旦多，则必然滥。在我看来，我们的整个教育思想不是在扼制社会的浮躁，而是在制造社会的浮躁。我们是如此急功近利地要将专科升格为本科，又如此急功近利地扩大研究生招生，以至于在高校的某些院系，研究生招生人数已远远超过了本科。

在一派“升格”声中，专科毕业已羞与人言、本科毕业也不足挂齿、硕士毕业不过尔尔、博士毕业也司空见惯。如此“水涨船高”，不断为社会生产着、输送着“文凭”，可人的能力与素养却一代不如一代。长此以往，即使满社会都是博士，那又怎样？能说明我们的水平有多高吗？

我们看到，学历也好，学位也好，越来越偏离了它的本真，很多时候，它仅仅成为一种身份标志，一种升官发财的资本。于是，当官的纷纷去高校读博士，带研究生。越来越多的“真的假文凭”被高校制造出来。学历教育似乎乱了套，于是，有些高校进教师，居然提出第一学历要求是从211工程学校本科学校毕业。在我看来，这一要求简直是一种变相的英雄要问出身的“血统论”思想。对于那些能力大于文凭的人才来说，无疑是一种严重的打击。同时，它明显表达出对扩招后硕士博生的不信任，大有“自己为自己掌嘴”的味道。

由研究生的贬值到各种文凭层次的升格、文凭确认的自相矛盾，我们看到，我们的教育越来越失去了宁静致远的品格，似乎踏上了一条功利的、浮躁的、庸俗的不归路。

高等教育怎样走？我们太需要一种实事求是的精神，一种深沉的品格和气度！

不管教育旨在为未来生活作准备，还是教育本来就是生活，不论是日趋定型的成人，还是正在成长中的孩子，“教育”这两个字眼从来未曾凌驾于我们的头顶之上，它总是默默地内化在我们的生命里。

教育的温馨

学棋回家的路上，孩子突然说：“爸爸，我想买一张抗日小英雄王二小的影碟。”

“你怎么知道王二小这个名字？”儿子的要求令我颇有几分意外。

“昨天，我从《东方儿童》节目里看到了这个故事。王二小那么小，一点都不怕日本鬼子，很勇敢。还有，我喜欢里面的那支歌……”

“牛儿还在山坡吃草，放牛的却不知哪儿去了……”在公共汽车站牌下，儿子旁若无人地轻轻唱着。

车过了好几站。儿子说，不知为什么，王二小的这首歌总在他心里反反复复地回响。

“我也跟你一样。唱这支歌的时候，声音好像从王二小放牛的那个山头飘来，缓慢里有一种忧伤与怀念。唱着唱着，就像要哭了一样。”

儿子重重地点点头。那一刻，我觉得儿子一下子长大了许多。

王二小的故事我早就知道，可从来没有像今晚这样被感动。

此时此地，儿子以他的纯真深深打动了我，也真正“教育”了我。

是的，我想起了“教育”这个词，甚至想起了让“教育”变味和走样的种种语境。

“这样不听话，回去叫家长来，教育好了再送学校。”——那不是一位年轻气盛的班主任吗？他正对着某个泪流满面的孩子大发雷霆。

“这样狠狠教育了一通，儿子才勾着头，算是老实了。”——那不是一位怒气刚退的家长吗？她简直就像刚刚平定叛乱的将军，正得意地交流着自己的训儿心得。

“瞧你那德性，老子今天不教育你一顿，你不晓得天有多高地有多厚。”那不是一群剑拔弩张的街头打斗者吗？他们一边动粗动武，一边还以“教育”的名义骂骂咧咧。

在诸如此类的语境里，教育是个多么可怕的字眼！这哪里还有平等与亲切、宽容与关怀、等待与唤醒？哪里还有生命的质感与体温？教育两个字，就像那居高临下的暴君，丝毫没有怜悯与慈祥的目光。在这里，教育被异化为武断粗暴的训诫与斥责，异化为成人对待孩子的知识、道德和话语霸权，异化为一种依赖惩罚建立起的征服与归顺。

这就是“教育”两个字所要传达的信息吗？多少次，当我们将教育与政治、经济、文学、艺术并提的时候，教育对人性与文明的化育赋予了它母性的恬静与伟大，它是那么亲切，那么温馨，那么无微不至地伴随着我们的一生。然而，为什么我们常常人为地把这两个亲切而温馨的字眼挤到了一个相对封闭的空间，好像它是某一部分人的特权？在许多人的观念里，教育者与受教育者是两个不可互换的角色，而书本几乎成了人们心目中全部的教育内容或教育资源。至于教育形式，更多地被窄化成单向度的言语传递。这样的教育，只能越来越孤立于丰富的社会人生之外。在知识与教条的封闭中，教育渐渐失去生活的原色，失去它的人性内蕴。

儿子跟我说王二小，儿子是受教育者，但作为一个教育者，他又何尝不是？课本、经典是优秀的教育资源，一档好的电视节目又何尝不是？春风化雨的言语是一种教育，深情动人的音乐又何尝不是？

不管教育旨在为未来生活作准备，还是教育本来就是生活，不论是日趋定型的成人，还是正在成长中的孩子，“教育”这两个字眼从来未曾凌驾于我们的头顶之上，它总是默默地内化在我们的生命里。

只要你的内心始终充满着与世界、与人类、与历史、与自然、与文明对话的生命冲动，你就时刻都处在教育的情境当中。

“报 N+1 个特长班，不如报一个安全班。孩子没了，N+1 个特长班又有什么用呢？难道孩子在汽车开来的时候，还要计算汽车离自己有多少千米、米吗？难道在地震的时候，背诵《春晓》吗？难道歹徒进门了，弹钢琴能把他吓跑吗？”

儿子的名言

儿子读小学五年级。戴个小眼镜，眼睛依然有神，有点像哈利波特。

不知是先天遗传还是后天的环境影响，孩子从小就喜欢看书。只要碰到他喜欢的书，他可以一个人默默地蹲在某个角落看上好半天。他看书的姿势实在不雅，总是歪在沙发里，甚至一只手翻书页，另一只手在旁边的薯片袋里掏来掏去。尽管挨骂多次，此恶习依然未改。

然而，因为喜爱阅读，孩子从小就头脑灵活，语言丰富，间或会语出惊人，有一种与他年龄不相称的成熟与机警。

在我的朋友圈子里，儿子挺有知名度的。他痴迷于三国演义，对三国故事如数家珍。记得还在读三年级的时候，就像模像样地写过七言律诗。

千万不要以为儿子带给我的只有骄傲，孩子的毛病也是令人头疼的。做作业，他毛糙，经常是想都没想清就开始写，写错了又急急忙忙地涂掉。书包里的书啊，本子啊，总是被他搞得像把盐酸菜。喊他做作业，像喊冤一样。

老婆为此大伤脑筋。因此，在我们家里，最多的声音就是老婆数落和教训孩子。唠唠叨叨，说的全是些鸡毛蒜皮。

时间久了，儿子心里的不满慢慢累积了。很多次，他临睡之前，都跟他老妈写条子，写信，讲自己的委屈。孩子他妈到底还是当教师的，倒是很细心地跟他回。

中秋放假这几天，儿子始终拖着没做作业，直到开学前一天下午。

作业中有一项是听写生字。老妈报，儿子默。听写的结果是错字一大片。

我一看，很寻常的字都写错了，气急。充满火药味地对儿子说：你跟我好好地把生字抄写十遍。等会我来检查。

平常管儿子管得少，这下一发威，儿子怕了，老老实实去书房里罚抄去了。

可是，老老实实只是表面的，儿子心里并不服气。

过了很久，等孩子他妈去书房“视察”时，却发现儿子除了按我的要求罚抄词语之外，还在一个小本子上发泄着他的不满。孩子气呼呼地说，他正在写“名人名言”。

有人说，愤怒出诗人。儿子在愤激情境下写下的“名言”却充满了哲理。

试摘录几条：

其一：“学习好的小孩，大人不把你当人看，把你当仙看；学习不好的小孩，大人也不把你当人看，把你当猪看。”

（点评：孩子按成人的想法去做，就会被捧在手心，如“仙”一样被赞美；倘若令大人失望，就会像“猪”一样被呵斥，被打骂。或许，这两种极端正代表着当下家教中的两种普遍误区。不把孩子当“人”看，或者说，不把孩子当“孩子”看，何尝又不是小学教育中的重大问题呢？）

其二：“大人只要孩子去重复前人的知识，却不知道自己也可以创造出新的知识。”

（点评：虽然还是将大人与孩子置于两个对立的阵营，但所谓的“重复知识”与“创造知识”之说却又确确实实揭示出了我国基础教育的致命伤。是的，我们太强调重复、认同、顺应，却有意无意地忽视了新知的探求与生长。）

其三：“报N+1个特长班，不如报一个安全班。孩子没了，N+1个特长班又有什么用呢？难道孩子在汽车开来的时候，还要计算汽车离自己有多少千米、米吗？难道在地震的时候，背诵《春晓》吗？难道歹徒进门了，弹钢琴能把他吓跑吗？”

（点评：真是个有思想、有个性的儿子。我们确实给他报了不同的特长班，他也学得认真，但我们不知他有这种想法。往深处说，儿子的这些话表达的是一种生命至上的意识。一切特长的发展都以生命的健全为前提。儿子的三个反问，确实咄咄逼人。与其说这是语文的水平，不如说是思想的深度。）

说实在的，我不想简单地表扬儿子，他才10岁多一点。只是我觉得，他何以会产生这么多与众不同的想法呢？儿子告诉我，主要还是得益于阅读。他说，他写上面这些“名言”的时候，是受了郑渊洁童话的影响。

看来，阅读真是一场催动思想拔节的绵绵春雨。

站在关怀生命成长的高度看反思，反思的深层含义在于，我们能够对教育存在现象作出自己的理性分析，更为可贵的是，对于存在现象的前提能够作出自己独立的批评与判断。

我们为什么需要反思

“反思”这个词其实并不新鲜，我们可以追溯到很远的过去。

曾子曰：“吾日三省吾身，为人谋而不忠乎？与朋友交而不信乎？传不习乎？”何谓“省”？“省”即道德、人格、学问诸方面的内省与反思。不过，与那些带有学科教育专业色彩的命题相比，“三省吾身”，更多地具有道德教化的色彩，其所蕴含的反思性品格并未很好地在教育，特别是在学校教育的语境中得以阐释，也就是说，“三省吾身”作为道德规训已为人们熟知，但它本身所蕴含的教育学内涵并没有得到充分展示。

如果说“三省吾身”作为道德规训在一定程度上遮蔽了它的教学内蕴，那么在中国古代的《学记》中，反思则以耀眼而闪亮的姿势出现在专业化的论述语境之中。《学记》这样写道：“学然后知不足，教然后知困。知不足，然后能自反也；知困，然后能自强也。故曰：教学相长也。”“学”与“教”这两个相关而不同的过程必然导致“知不足”与“知困”两个相关而不同的结果。何以走出“不足”与“困”的境地呢？就是“自反”与“自强”。而在学生“自反”与教师“自强”的互动过程中，“教学相长”成了必然选择。这里所说的“自反”与“自强”，其核心就在于反思。如果我们把“学”与“教”当成一种过程，把“知不足”与“知困”当成一种结果，显然，这里的过程与结果之间的联系建立在主体反思的基础之上。因为有了反思，才会有“知不足”与“知困”。

现在的问题是，我们究竟怎样来理解反思的含义？在一般人的心目中，对反思含义的理解存在着诸多误区，因理解的种种误区而直接导致对于反思价值的低估与不屑。有人顾名思义：反思，不就是回过头去想想吗？不就是站在现实的平台上检讨自己的思想与行为的过程和方法吗？应该说，这样理解反思，更多的还是在反思的生活意义下展开的，并没有揭示出反思与教育之间的深切关系。

确实，在一般的生活意义下，我们无时无刻不需要反思，反思自己的思想、言行，反思我们的工作态度与方法。但是，当我们将反思作为一种理念放到教育学背景下讨论，它的意义便不只是浅表的反向思索与追问，不只是经历的简单回望与检讨。在教育情境中，反思远远不只是一种教育方法或者说教育策略，这个理念不是建立在方法论意义上的。我以为，反思是建立在生命意义上的一种教育品格。

在目前的学制下，一个人要从小学读到博士毕业，学校教育的时间长达二十年，一般人大多要在学校生活十多年，而这十几二十年时间又是一个人人生中最美丽的青春岁月。教育与生命成长相伴随的事实，除了令我们感慨事业的神圣性之外，是不是也令我们有一种特殊的敬畏感呢？生命之流永不停息地向前，向前，每个人所受的学校教育在时间上不可逆转，学校生活的体验也不可重复。作为教育者，我们在某种教育理念下的教育实践，都是生命中“唯一的一次”。当然，也是受教育者生命中“唯一的一次”。

"唯一的一次"意味着什么呢？意味着我们不可避免地会存在这样那样的教育遗憾，甚至会发生这样那样的观念与行为上的偏差。因此，教育是一门遗憾的艺术。然而，遗憾不是对艺术的亵渎，相反，它往往是艺术的摇篮。在遗憾中生长艺术，其前提正是反思。有了反思，遗憾与缺失都不可怕。可怕的是，反思的精神在日复一日的琐碎中渐渐麻木，渐渐凋零而枯萎，最终导致心智的关闭。对一个教育者来说，心智的关闭无异于教育生命的终结。

站在关怀生命成长的高度看反思，反思的深层含义在于，我们能够对教育存在现象作出自己的理性分析。更为可贵的是，对于存在现象的前提能够作出自己独立的批评与判断。这种反思，可以是微观的，更可以是宏观的；可以是行动层面的，更可以是思想层面的。反思的孪生兄弟是"追问"。我们思考与实践教育的时候，有了反思，就必然有种种合理性与可能性的追问。一个人没有了追问的精神，所谓的自我实现与自我超越终究只是一句空话。

因此，反思不只是一种行为，而是我们的一种教育人生态度，一种对教育保持生命敬畏感的人生态度。

如果我们培养的学生都是没有文化根基的一代，这是不是一种可怕的个性泯灭？

文化是最大的个性

一

作为西方文明的渊薮，国土并不辽阔的希腊古国给人类创造了太多的惊奇。

就那么个小小的半岛，居然孕育着那么多关于宇宙、关于诸神、关于创世纪的美好神话，居然滋生出那么多高傲的哲学玄想、磅礴的英雄史诗和神奇的艺术雕塑。即令是数千年之后的今天，在人类的文化与文明的版图上，希腊依然绽放着迷人的光芒。它是整个西方乃至整个人类寻根问源的地方。尽管今日希腊之政治、经济、军事诸方面都远不敌后起的列强。

或许古希腊人并不曾料到，千百年来，当初由他们点燃的那一束奥运的圣火一直在世界各地激情传递。奥运火炬越过险峻的高山，冲过广袤的田原，照亮重重复重重的悠长岁月。那是一堆永不熄灭的熊熊圣火。

感谢充满智慧的古希腊人，他们为人类创造了一个具有普世价值的古老传统。在漫长的演绎中，古希腊的奥林匹克运动发展成为四年一度的、由全世界共同参与的体育盛会。于是，每隔四年，来自世界五大洲不同国家、不同民族、不同人种、不同性别的运动健儿们，怀揣着激情与梦想，意气风发地云集于某一个国度某一城市，他们要在强手如林的国际赛场上展示最昂扬的生命意志、最卓越的运动风采、最精彩的人生超越、最美丽的体育精神。

无论黑眼睛黑头发，还是金发碧眼，无论来自东方还是西方，无论来自大国还是小国，无论是男是女，在自由、公正、平等、参与的精神感召下，所有的人们都为这一全球性体育竞技的大舞台而来，都为着展示生命的美与力而来，都为着执著的追寻、顽强的拼搏、生命的超越而来。在人们眼里，纵横驰骋的奥运赛场既是人类最大规模、最高级别的运动竞技场，又是人类最平等、最友好、最公正的对话场。或许处于同一赛场上的运动员们，语言不通、文化殊异，水隔山重，但他们可以用微笑来对话，用眼睛来交流，用心灵来感受，用真实、善良与美好来感动彼此。

试想，假如人类不曾拥有这千百年传承而来的奥运传统，那么，我们这群共同生活在地球这个蔚蓝色星球的人类，这些看似坚强其实脆弱、看似高级却很微小的生命体还能不能拥有这种大规模的、全球性的晤面与聚会？没有这种竞争与交流，人类还能不能释放出如此巨大的生命潜能？能不能创造出那么丰富的生命传奇？没有这世界共同瞩目的奥运赛场，我们有限的生命会不会因此而少了一道耀眼的辉光？

从这个意义上说，尽管古希腊人最初创办奥运的动议何其单纯，这一动议事实上已成了人类文明史上的重大事件，成为一种天才的倡议和了不起的创举。

二

奥运开幕式是全球注目的仪式。任何仪式都离不开寄寓和象征，都充满虔敬与祈祷。

曾几何时，通过电视转播，我们收看过在洛杉矶、汉城、悉尼、雅典等地举行的奥运开幕式盛况，可以说每一届开幕式都精彩纷呈，各有千秋。因此，当2001年中国终于赢得第29届奥运会举办权的时候，国人对于2008年的夏天便充满了期待与祝福。

2008年8月8日那天傍晚，我下班驱车回家之时，竟发现路上的行人与车辆一下子比平常少了很多。我知道，为了心中久久期待的奥运开幕式，长沙城将历史性地迎来万人空巷的伟大时刻。

“中国”“北京”无疑是第29届奥运会最大的主题词。较之洛杉矶、东京、悉尼、雅典，北京奥运会开幕式该从哪里来显示其与众不同的特色，或者说该在哪些方面来彰显其独特个性？

感谢张艺谋等人的杰出构想，这一次北京奥运会开幕式可谓气势恢弘、创意独到，它凭借强大的艺术力量向全世界展示了一个“文化中国”的伟大形象。在我看来，此次开幕式上的每一个天才般的创意都在向人们昭示：在全球化背景下，文化是一个国家一个民族最大的、最深层的个性。

我们生活在怎样的文化土壤上呢？从小，我们就被告知：中国是世界上四大文明古国之一，中华民族是世界上最勤劳、最勇敢、最优秀的民族之一，中国在地图上像雄鸡，它幅员辽阔、人口众多，有着五千年文明。我们的先人们发明了造纸、印刷术、火药、指南针；我们拥有世界独有的汉字书法，拥有诗书礼乐，拥有孔老夫子和他的《论语》，拥有翰墨飘香的国画长卷，拥有京剧、皮影戏与太极拳，等等。应当说，这些都是国人张口即来的“文化常识”。作为炎黄子孙，没有理由不对中华民族累积的五千年文明充满敬畏与自豪。因为，这些或存于世间或化为血脉的“文化家珍”足以佐证中华民族无比杰出的生命智慧和极其强旺的创造活力。

然而，曾几何时，中国留给世界的印象或想象远远不是这些令人自豪的“文化形象”，而是种种不平等条约，是东亚病夫，是一页页落后挨打的历史，是闭关锁国和天朝老大，是一度阻滞着中国社会发展的政治迷狂。改革开放以来，中国的经济崛起及综合实力令世界刮目相看，但对于海天相隔的“老外们”来说，他们对于中国的想象更多的是一种“政治想象”，而不是“文化向往”。从这个角度看，此次奥运开幕式在很大程度上重塑了中国的“世界形象”，这一“世界形象”的最大魅力来自于文化的厚重、幽深与神秘。通过这一窗口，世界看到的远远不只是一个充满歧异与对峙的“政治中国”，而是一个充满底蕴与魅力的“文化中国”。

三

为了立体地凸显“文化中国”的形象，2008 年北京奥运开幕式所表现的美不仅仅在于磅礴的阵容与气势，不仅仅是表面的隆重与大气，更重要的是一种文化厚重感。中国文化的典型元素、经典意象在整个开幕式上得到了淋漓尽致的展示和运用。如标志着中国古代文明的文房四宝，如以铺展巨幅山水长轴的方式来演绎融古筝、舞蹈和水墨写意画的中国艺术；如以极其庞大壮观的阵容表演活字印刷术；如对《论语》的诵读之声，对中国礼乐文化的生动诠释，对京剧、皮影戏等国粹的展示，等等。整个仪式都氤氲着极为浓烈的传统文化气息，显出鲜明的中国个性。

为什么只有文化才是最大的个性呢？

在我看来，任何一种文化一定是一个民族经历千百年形成的精神成果，它决非一时一事之“制造物”，而要经历漫长的沉淀，是一种深刻的智慧。

文化意味着时间的累积与思想的传承，它是一切人文、历史、地缘、血缘，一切观点、物质、制度的整体性反应。文化是内化于人心的一整套“程序”，是一种鲜明的“价值”。

很多很多时候，只有文化才能区分地球上的国度、城市，才能区分生活着的人类。你想，北京与雅典相比有什么最大的不同？是高楼大厦吗？是立交桥、广告牌、超市与食品吗？是无轨电车吗？应当说，这些无疑都有区别，但都不可能有最显著、最本质、最深刻的区别。最深刻的区别还是文化。北京，让我们想到的是中国的四合院，是万里长城与天安门城楼，是孔孟庄周和唐诗宋词；雅典呢，它让我们想到的是橄榄枝与和平鸽，是史诗、神话与文明的底蕴，是蓝色的海洋文明。

文化是最大的个性，又是个体与族群的精神血脉与根基。从这个意义上说，此次奥运开幕式对于国人本身也是一种“文化认同”的教育。一个人只有真正建立起文化认同感，他才可能在宣称自己是中国人的时候，不只是将“中国”当成一种国别，而是自觉地将它当成一种“文化身份”。

四

文化是最大的个性，由这一命题自然想到我们的教育。

这些年来，我们是多么急功近利地追逐着由消费文化引领的时尚。基础教育中的人文教育越来越失去了中国文化的底蕴。一代青少年对于传统国学、文学经典的淡漠早已不断地向我们发出危险的信号。

有识之士不断提出教育忧思，然而似乎并未出现有效的行动。相反，应试教育死死地将孩子们摁在漫无边际的考试与训练之中。在这种情势下，谁还有心情去理会所谓的“文化”？

现代社会这些自称为“文化人”的知识分子，其实离我们固有的文化越来越遥远。最具反讽意味的现实是，我们周围充斥着有学历、有学位的“知道分子”，然而我们难以看到真正的“知识分子”，特别是难以看到亲切的“文化人”。“文化”缺失的教育，必然是没有底蕴的教育。

如果我们培养的学生都是没有文化根基的一代，这是不是一种可怕的个性泯灭？

今天，当戴眼镜的孩子越来越多、近视低龄化趋势越来越严重的时候，当教师们深感离开电脑即无法备课的时候，当教材与文本的地位陷入多媒体课件的重围之中时，请在电脑前保持足够的理性。

现代之幸与现代之病

记不清是从哪年哪月开始，我们已经习惯了这样的生活——

每天进到办公室，第一件事就是打开桌上的这台电脑。收邮件、看博客，浏览喜爱的网站，运指如飞地写着文章，或一边听音乐、一边聊着 QQ……

迎着朝霞出发，披着暮色回家。从打开电脑到关闭电脑，每一个平常的日子就这样飞逝无痕。

电脑与我们日日相对，这种简单晤对的格局或许并不曾激起我们任何联想。在现代人眼里，无论多么高级的电脑，亦不过是高科技时代的工具而已。既为工具，那我们面对电脑与面对一只茶杯在本质上都是一样的，它们之间都是人与工具的关系。

电脑真的只是供我们驱使的工具吗？我们在电脑面前永远都是施动者吗？

很多时候，面对桌上的这台电脑，我无端地生出种种假设：如果没有电脑，我会如此长时间保持这种端坐、凝视的姿势吗？我的全部注意力会被这个小小的显示屏框定吗？我的生命会以这种方式消费吗？我会在一屏一屏的信息浏览中、一行行的文字敲击中、一局一局的网络游戏中度过自己的青春与壮年吗？

每一种假设，都意味着一种有别于当下的生活方式，一种有别于现在的生命存在方式。这样想着想着，忽而觉得电脑远远不只是办公桌上供人摆弄的工具，一旦使用它，它就开始了对你生活的深度介入。电脑在给你带来便捷的同时，也悄悄地制约着、改变着乃至塑造着你的生活方式。

不是吗？当你每天注目于电脑显示屏的时候，在你眼里，广阔的生活景象便全然隐退，世界只剩下这一扇小小的“窗口”。

当你的注意力被种种新闻、资讯、图片、视频所牵引的时候，也许错过了坐在你对面的这个人今天很帅的发型，也许错过了窗外那一树桂花的清香，也许错过了夕阳如画的黄昏；当你在电脑游戏中沉醉而不能自拔的时候，或许淡忘了网球场上的挥汗如雨，淡忘了清晨或黄昏的信步；当你对网络上视频美女羡慕得直吞口水的时候，或许忽略了走廊上飘过的那个红裙飞扬的背影……

是的，在漫无边际的文字与图片间瞎逛的时候，我们开始远离了自然。对于草地上那些无名的花朵，对于枝丫间那只偏着小脑袋机警张望的小雀，对于那些生活中温馨与浪漫的细节，我们都会忽视。

电脑在将我们的注意力引向电子世界的同时，又剥夺了我们对生活世界的感受力、对人际关系的感受力。

是我们在使用电脑，还是电脑在改变着我们？

面对电脑，有时真有一种庄周梦蝶的恍惚。

追溯历史，我们的父辈、祖辈，无数古圣先贤，都与电脑隔着千万年的历史时空。想当初，孔子的话语被一刀一刀刻在竹简上，陶渊明的诗句却永远飘着墨汁的幽香。在没有电脑的时代，那些文字都被灵慧的目光抚摸过，它们都是有温度的生命精灵。

我们可以设想，旧式文人的生活图景是怎样的呢？肯定不会像我们这样盯着电脑度过一天又一次，他们需要去游历，需要喝酒，需要高声谈笑与歌哭，需要登高感怀与柳下送别……

他们用不着戴近视眼镜，也不像我们在电脑前这般目光迷离。

今天，当戴眼镜的孩子越来越多、近视低龄化趋势越来越严重的时候，当教师们深感离开电脑即无法备课的时候，当教材与文本的地位陷入多媒体课件的重围之中时，请在电脑前保持足够的理性。

其实，我们的幸福指数与电脑无关。我的老父亲一辈子生活在乡下，他不知电脑为何物，更不用说使用这玩意儿。与我不一样，父亲日日面对的不是电脑而是锄头，是长着辣椒、茄子、苦瓜、冬瓜的菜地，是清清一碧的池塘，是满眼青翠的山峦。他惯常的身体姿势是挖土、除杂草、挑担子，根本用不着一成不变地凝视与端坐；他的眼睛里是飞鸟、流云和袅袅炊烟。

这样的生活方式造就了父亲的身心，他健康，硬朗，知足常乐。

世界不只是显示屏上的窗口，电脑也不是我们消费时间、消费生命的唯一方式。

且让我们从游戏中，从股市中，从无边的信息与图片中，抬起头来，看看窗外，看看身边这个美丽的世界。

我们改变不了因袭千百年的文化，而打破体制瓶颈亦非朝夕之功。中国教育的当务之急在于解放孩子的思想与手脚，让他们从屋顶走向星空。

“技”是屋顶，而“道”乃星空。

从屋顶到星空

我们的头上到底是屋顶还是星空？

或许，你会觉得这是一个愚不可及的提问——既然生活在屋子里，头上当然是屋顶；屋子建在大地上，屋顶必在星空下。

若稍有想象力，应当明白：我们所说的屋顶和星空远非生活实体，而是心灵隐喻。

环视熙来攘往的周遭，太多庸常者，虽然知道头顶存有星空，但他们的思想从来就只在屋檐下低回。真正让自由思想冲决世俗屋顶的，真正能在星空下轻舒广袖、自由飞舞的人，总是极少数思想精英。

何为屋顶？“屋顶”意味着框架与模式、禁区与雷池，意味着不可撼动的基础与前提。因为“屋顶”的存在，我们从小就学会了顺应与认同，学会了随声附和与察言观色，我们以一生的时间温习着几页庸俗的处世哲学。

“屋顶思维”决定着“屋顶话语”。于是，我们的心灵每天都在标语口号式的话语泛滥中深深沉睡。即使我们每天都有大量的言说，心灵的触觉却日益麻木。

且拿“创新”这个在当下最富鼓动性的语词来说。

你看到，大会小会，长文短文，谁都在慷慨激昂地呼唤创新，谁都可以疾言厉色地指斥创新的缺失，谁都可以掰着手指头宣称如何创新。

人们天天在高谈创新。然而，中国这片古老的土地是不是因之而焕发出创新的活力？从省察自身开始，我们不得不承认：凡夫俗子、芸芸众生每天都在循规蹈矩地生活，他们的身上结着一张无形的精神之网，来自社会、政治、伦理、道德、文化、习俗以及来自历史、来自他人的种种律令与规约，使得人们总是沿着既定的轨道、按照既定的程序，如此这般地过着日子，从一个不谙世事的孩子到佝偻慢步的老人。

时间永远流逝，街市依旧太平。文山会海将创新制造成一个话题，却不曾降临到思想的大地。

在平淡的生活中，屋顶下生活的太多世俗小民关注的不是社稷江山，不是责任与使命，而是房价、股市、服装打折和某家餐馆的特色菜，是孩子上哪个好一点的中学，或去哪个国家留学。

然而，真正彰显人类生命本质的唯有创新。中外历史上，那么多生活在星空下的哲学家、科学家、文学艺术家，他们对宇宙的想象、对世界的追问、对生命的体验，标举着人类智慧的高度。

在深夜，当我们追溯人类发展的科学史、思想史、文明史之时，无数伟大的名字连同他们的创造成果，总如星星一样闪烁在我们的头顶。他们以惊世骇俗的思想书写着生命的传奇。

想想看，那个最初提出“地球是圆的”的伟大科学家，他和我们一样吃饭睡觉，一样住在遮风避雨的房子里，一样看着窗外太阳的东升西落，一样看着远方起伏的连山或广阔的草地，一样听着“天圆地方”之类的古老传说，可为什么他的脑海里蹦出那么多与众不同的想法呢？他居然想到了“地球是圆的”！哪怕最先只是一闪念的猜想，对于微茫的生命来说，都是何等的不可思议！

再想想，太阳、月亮、星星离我们那样遥远，那样亘古长存，那样不可捉摸，可是，那个叫牛顿的英国科学家居然发现了星球与星球之间存在着巨大的引力，他居然提出了“万有引力定律”，居然还能用一道公式来计算引力的大小，人们甚至根据公式的推算发现了新的行星！如此惊人的思想与智慧，足以标举着人之为人的伟大！

站在巨人的肩膀上，牛顿已经够了不起了吧？然而，关于宇宙的探索并没有因此而停歇。那个叫爱因斯坦的德国人居然看到了牛顿理论的局限，他以著名的“相对论”理论开创物理学的新时代。这又是何等辉煌的创造！可以想象，当爱因斯坦最初提出他的理论时，整个世界是何等的瞠目结舌！

在一般人心中，星空是那样神秘，那样悠远，与浩瀚而永恒的星空相比，个体的生命微如尘芥，如沧海一粟。不问星空，不问宇宙，我们照样吃饭穿衣，照样养儿育女，照样可以匆匆走完一生，为什么还要来问天问地？为什么要去探索宇宙里的奥妙？这，正是人类不同于一般生命的地方。

对于世界，保持一份好奇与探索是我们的一种本能。总有人不愿成为历史的过客，总有人不安分、不满足于生命的庸常，总有人在执著地追寻人生的意义。这些人便是人类中最优秀、最伟大的一部分。提出“地球是圆的”，揭示万有引力，提出相对论，诸如此类的创造，都不是为了实现任何一种功利目标。在科学家的眼里，这就是他们在人间走一遭的全部意义。

他们的生命为此而来。

同样是一次生命，同样是在人间走了一遭，我们固然有权利享受世俗的所有幸福，但我们因此而淡忘甚至远离了创造，生活便成了一串分不出昨天与今天的单调日子。牙牙学语的时候，我们都曾拉着父母的衣角问那永远都问不完的“为什么”，可是越是长大，问题便越来越少。儿时那么多神奇的想象与美丽的向往，后来都遗失到哪里去了呢？是被世俗的种种观点与习惯蚕食了吗？是被什么力量磨掉什么力量扼杀了吗？是被生存的困顿消磨了吗？如果是这样，那么我们该如何小心地呵护、如何精心地发展“人之初”的创造性与想象力呢？

一层一层的追问，必然会让我们问责于体制，归罪于文化。

人们会说，较之西方，中国教育的最大缺失就是重识记而不重创造。因此，中国孩子会考试、会竞赛而没有发展的后劲。也因此，中国的科学相对落后，不管在哪个创造领域，我们一直与诺贝尔奖无缘。人们也会说，在生活中、工作中，不是我们没有好的想法，好的创意，而是体制不会让我们将这些好的想法与创意去实施。在“官本位”“长官意志”如此强劲的群体与团队里，在一个人能不能赢得发展相遇、能不能拥有展示平台全都取决于领导对你的个人感觉之时，职场中的人更多地在琢磨如何做人，如何明哲保身地处事。至于创不创造，已经变得无关紧要了。这样的说法不断地被真实而无奈的事实证明着。人们还会说，中国文化注定了我们只能以这样的方式生存。你不能太冒尖，太出风头了，我们的文化要求我们谨言慎行，察言观色，不求无功，但求无过。

我们改变不了因袭千百年的文化，而打破体制瓶颈亦非朝夕之功。中国教育的当务之急在于解放孩子的思想与手脚，让他们从屋顶走向星空。

星空，意味着自由、信仰和梦想。

自由是人的天性。马克思说："人类的特性恰恰就是自由的有意识的活动。生活本身仅仅成为生活的手段。"[①] 教育是人的教育，也是自由的教育。关于这一点，张楚廷先生有着极其精辟的论述，他说："如果认为人本自由，教育也就应为保障人的自由而存在和发展；如果认为自由即创造，那么，在我们关注创造教育的时候，应优先关注学生和教师的自由；如果认为，自由是生命的实体，那么，关爱学生，关爱生命，其基本内容即关爱自由；如果认为对自由的把握力即人的生命力，那么，旨在使生命旺盛的教育的使命，就在增强学生对自由的把握力；如果认为自由的处境与人的处境是同一回事，那么，就可以认为一所学校的自由状况即学生师生的处境状况；如果认为自由无价，那么，自由教育亦无价。"[②]

与自由教育相关的便是自由知识与自由学科。自由知识即最具普遍意义的知识，自由学科即是以哲学为代表的最具普遍意义的学科。从"自由"这个人本角度考量当下的基础教育，我们一刻都不能忽视人文学科的引领力量，随时都要警惕教育的职业化、技术化倾向。

"技"是屋顶，而"道"乃星空。

① 《马克思恩格斯选集》第 1 卷第 46 页。

② 《张楚廷教育全集》（教育哲学卷）第 293 页。

作为社会公器的媒体，它应当代表着良知与责任，代表着一个社会的核心价值导向。当唯利是图的商家，将“应试”当成谋利的手段，我们的媒体是为虎作伥，还是当好真正的“舆论守门人”？是护送教育“回家”，还是眼睁睁看着教育在迷途上越走越远？

这决不只是神圣的道德拷问，更是严肃的社会问责。

媒体，请护送教育“回家”

公元2009年2月28日，笔者看到：省会长沙某报纸媒体用了大半个版面刊登了一则广告。内容是推销一套名之曰“高频考点”的中考、高考应试书籍。

数千字的广告稿，充斥着一切为了“捞分”的投机思想，一切为了赚钱的铜臭气味，一切为了应试的功利取向。

且看这些耀武扬威的文字：

标题为《2009年中考、高考“必考点”》，上加肩题《传言纷纷：精明的家长竟然买到了》。题下的文字更加富有煽动性：“连续出版6年，这次是46个中高考专家、名校老师集体编写，这些专家太权威了。”“去年这套资料跟高考题特别相似”。

整个广告文本有好几千字，而四个小标题一个比一个“牛”：

“虽然有点贵，但拿了居然没有放下的”

“总复习抓住‘必考点’，轻松提高几十分”

“考生举证：与历年考试相似度真的挺高”

“没有就怕孩子吃大亏，有了心里更踏实”

文中的“应试宣扬”可谓无所不用其极。

广告先模拟一位干部模样的家长口吻说：“你说，现在不管是哪个地区，不都是当地最有名的学校升学率最高吗？为什么？不就是拥有了极好的老师，而这套资料的主讲老师都是来自这些学校的，你说它代表什么，如果不买，岂不是白白丢掉了考高分上名牌的机会。”

之后，又模拟更为直白的“家长话语”：“去年听了老师的话没买，结果离重点大学差了5分。后来听同学说，考试作文题正好与那套资料差不多，真是后悔，今年再也不想错过。”

文中还有具体的举例。声称2006年的北京卷、2007年的湖北卷、2008年的天津卷、浙江卷，都与高频考点里的作文题相似，甚至如出一辙，并总结说：“连续三年如此相似，绝非偶然。”

最后，广告还特别“制作”了一篇题为《高频考点“走捷径”，是否会造成考试不公?》的所谓质疑文章，试图抓住消费者心理，从正面印证广告所言不虚。文中还宣扬说：“只要不踩政策的‘红线’，走‘捷径’我们不应该反对。”

广告还故作神秘地说：这套所谓的《高频考点》将在湖南实现限量销售。

不知教育职场中人对此作何感想？在笔者看来，这种蓄谋制造的拙劣的商业性文字，与其说是一篇炒作性广告，不如说是一幅极力渲染市侩心理，极端表达势利、钻营、投机取巧的丑陋样本。

抛开广告的真实性不说，即令这套所谓的《高频考点》真令全国各地的家长、考生趋之若骛，我们能为这样的教育感到开怀吗？当教育只剩下不择手段地分数追逐，它背离“教育立人”的本质何止十万八千里！

因之，读到这样的广告，我感到的是无端的窒息与沉重，为当下的中国教育，为当下的中国孩子与中国家长！为那些短视而愚昧、无耻而好利的商家，更为这些媒体与出版社——对于社会良心与社会责任的恣意放逐。

只要是一个稍有良知者，应当睁开眼睛看看当下的中国基础教育已经被应试异化到何等程度！

在学校，学生为考试而学、为升学而学，教师为考试而教，为考试消得人憔悴。应试取向并未因素质教育写入国家的法律而得到有效遏止。高考升学率依然是名校名师论英雄的硬指标。

走到中小学看看，“眼镜一族”的低龄化趋势日益明显，新一代孩子的身体素质令人堪忧。试看今日之中国城市孩子，他们哪里还有什么童年与少年，学奥数、学英语、学围棋、学钢琴、学拉丁，学这学那，整个就是没日没夜，没有双休与节假日地“连轴转”，从学校的课堂出来又背着书包走进课外的培训班。就这样，从小学，到初中，再到高中，永远都在奔波，永远都有做不完的家庭作业，做不完的课外习题。在学校，永远都是训练，都是做题、背书、写八股式的作文。语文、数学、外语，没有哪门功课不在抢着学生有限的时间。

人们早就看到，从今天孩子的作文里，我们看不到童心童趣；从高三学生的作文里，我们也看不到沸腾的热血和飞扬的青春。我们看到的是什么呢？是强大的应试教育在狠狠地摧毁着一代人的身体健康，进而蚕食和威胁着一代人的心灵生活！

因为强大的应试功利，我们的教育早已褪去了生命的原色，背离了它致力于促进人的全面发展、促进社会进步的本质。教育的灵魂、教育的精神、教育的血肉，都被可怕的应试思想剥夺殆尽。

除了无用的考分，我们的教育还剩下什么？在一个人由童年到青年的生命旅程中，教育将给我们留下怎样的记忆？

迫于应试功利，清醒的教师尽管一万个不愿做“应试专家”；独立的孩子，尽管一万个不愿做“应试机器”，但人们别无选择，只能硬着头皮就范。因为，我们的社会、我们的家长，我们的人才标准、我们的就业制度，事实上构成了一只巨大的手，死死地将一代青少年摁到应试的轨道上。

可见，要让教育不因应试而存在，这不是学校教师一方可以奏效的，全社会都应达成共识。而全社会的共识，必然诉诸体制的革新。

我以为，教育，这个人类最古老的文明命题，在当下之中国，却像个迷途的孩子，找不到自己的家园。

作为社会公器的媒体，它应当代表着良知与责任，代表着一个社会的核心价值导向。当唯利是图的商家，将“应试”当成谋利的手段，我们的媒体是为虎作伥，还是当好真正的“舆论守门人”？是护送教育“回家”，还是眼睁睁看着教育在迷途上越走越远？

这决不只是神圣的道德拷问，更是严肃的社会问责。

不要以为这只是一篇收费的、由无耻御用文人杜撰的广告，不要以为它没有社会影响。笔者在想，如果将这张报纸存留几十年，或许，这大半版广告将成为史家研究 21 世纪初中国教育的重要史料。它呈现给后人的，是唯利是图的商业炒作与急功近利的应试教育联姻之后产下的“怪胎”，是中学教育遭到严重应试异化的灰色投影，它折射着我们这个社会对于教育最庸俗、最可耻、最无知的理解。

或许有人会说，这样的广告即令这家媒体不登，只要出钱，其他媒体也会照登不误。是的，这就启示我们：为了确保媒体践履自己的社会责任，我们迫切需要强有力的制度与法律建设，要让这种厚颜无耻的广告成为过街老鼠，群起而挞伐之、灭绝之。

在应试语境下，有谁再得意洋洋地宣扬某种复习资料与高考考题相似相近的时候，请把无言的蔑视当作一面镜子，让那些跳梁小丑们照见自己的无知与无耻！

在这样的欢迎仪式中，孩子很可能只是充当着一个仪式中的“道具”，或者只是实现成人意志的“工具”，只是浩大“面子工程”上的一个“小摆设”……

如此礼仪：给孩子带去什么

礼，这个简简单单的汉字里有着极为丰厚的文化内蕴。

“授以诗书，约之以礼”向来被视为“成人”的根基。“知书达礼”向来被用以描述君子的理想人格，而一个“无礼”的人似乎比“无知”的人更可怕。

何谓“礼”？它是人与人之间为谋求和谐共处，实现生命价值，提升生命境界的一种理性诉求，是个体由“生命本然”走向“生命教化”的路径选择。因而，在中国文化的天空里，“礼”就像那凌空俯瞰的上帝之眼，期待着人间的真实、善良与美好。

何以“达礼”？经由教育。“礼”的教育是着眼于“人”的一种整体性、本体性教育。今日之学校教育，不乏关于“礼”的种种言说。然而，今日之“礼”早已褪却了厚重的道德伦理积淀。来自现代政治、思想、教育、文化诸领域的话语体系，凭借其对传统文化的解构功能，使得“礼”的言说仅仅处于“讲文明、懂礼貌”之类的行为养成上。“礼”的本体地位被剥夺，“礼”的内涵亦简单化和浅俗化。应当说，这种现代性转变的背后，是整个社会政治文化转型的宏大背景。

在传统语境里，“礼”是主导道德伦理世界的绝对存在。当“礼”之规定与人治社会合谋的时候，从儒家文化中流淌出来的“礼”却并非清泉。关于“礼”的传统约定里，有着太多反人性之处。“礼教”中的不少律令，无不蔑视生命的至高存在，蔑视自然的情感与欲望，以强大的精神粗暴压抑乃至践踏着微茫的生命需求。因而，“五四”以降，以“三纲五常”为代表的“礼教”体系遭到极为猛烈的文化讨伐，相当一部分旧“礼”已如土崩，与之相应，诸如“仁”“义”“忠”“恕”亦无法有效融入现代道德话语与教育体系。新中国成立后，对传统文化的批判、甚至“革命”，更加使得传统的道德伦理话语及体系花果飘零。

应当看到，在关乎“礼”的种种规约里，确实寄寓着人们“自律”与“他律”的种种理想，有其积极和深刻的一面。然而，同样有相当一部分“礼”的条约、“礼”的仪典，有违现代公民的自由精神与独立人格。在我看来，其中最为鲜明者，莫过于强调高低有别、尊卑有序、媚上压下的奴隶意识和官本至上的权力崇拜。在今日之学校，在诸多习焉不察的礼仪上，我们依然随处都能看到这种令人忧心的“礼”。它们被冠以“礼仪教育”的名义而显得天经地义。

前不久，笔者应邀到某学校参加一个大型教育活动。抵达现场，但见彩球悬空，标语飘飘。几十个孩子，统一金黄色装束，或吹号，或擂鼓，他们静立大门两侧，形成夹道之势。各方领导、各路专家入场，往往号鼓齐鸣，喊声阵阵：欢迎欢迎，热烈欢迎！welcome，welcome……

在当下中小学校园，诸如此类的“礼仪”总在不断上演，早已司空见惯，亦似无可厚非。

从夹道迎宾的一群孩子中穿过，不知那些昂着头、戴着眼镜、夹着包的“大人们”有着怎样的感受？作为“大人行列”中的一员，我感觉，要从这夹道的鼓号之中、从千篇一律的欢迎声中穿行，简直是一种受罪，特别是当我看到孩子们满脸黑汗、看到他们表情疲惫的时候。

如此盛大而热情的“礼仪”，如此兴师动众的“礼仪”会给孩子以怎样的潜移默化？

也许，孩子们从此懂得：今天来的这些人，叫做领导、叫做专家，他们与朝夕相处的老师不一样，他们是些尊贵的“大人物”；孩子们从此懂得：人与人之间是存在地位悬殊与等级差别的，较之当官的，平头百姓都显得卑微而渺小。

是的，当“大人们”从夹道的孩子中间穿过，我脑里会忽而晃过一个熟悉的场景：一声“皇帝驾到”之后，文武百官齐刷刷跪下，口里山呼万岁。不知为何，我总隐隐感觉到两种镜头之间的精神相似性。

有人会说：“在家不会迎宾客，出外方知少主人”。我们不是要质疑仪式的意义。任何仪式，都能找到自己的价值支撑。大至国际邦交、军事阅兵，小至迎春接福之类的民间仪式，仪式的意义在于它的隐喻与象征。然而，在上述学生的欢迎仪式中，我以为，学校对重要客人表达隆重的欢迎固然是必要的，但大可不必如此惊动学习中的孩子。因为，从某种意义上说，在这样的欢迎仪式中，孩子很可能只是充当着仪式中的一个“道具”，或者只是实现成人意志的“工具”，是浩大“面子工程”上的一个“小摆设”。

我想，表达欢迎何须如此形式呢？走到校园里，如果碰到的孩子都主动向来宾们问声好，或者能给出一抹动人的微笑，或者投去一道清澈的目光，这就够了。

也许，这样做，孩子会觉得我们这些“大人物”原来不只是可敬、可畏的，更是可亲、可爱的。

这样的礼仪，才是一种真正基于“人”的教育的礼仪，一种自觉的而非强加的礼仪。

失去童话滋养的最大问题是，因为没有童话，我失去了一个飘逸着芬芳的精神世界。这一辈子，我绝无可能再以一个孩子的心在童话里笑，在童话里哭，在童话里憧憬。我不可能再用一双孩子的眼看到善与恶的较量，看到人性美的闪光。人生的体验无法重复，我失去的是一种文化的精神濡染。

没有童话的童年

我的童年属于乡野，属于青山绿水间野性的快乐。童年的记忆里是纸板、铁环、陀螺、弹弓，是下田摸泥鳅，上树掏鸟窝，是坐在门槛上听大人讲故事。

童年故事就像贫瘠岁月里的精神乳汁。在故事的磁场里，我会变得格外沉静、温存，眼睛格外清亮，如同阳光下跳跃的晶莹。

在吧嗒着旱烟、偷来片刻闲暇的父辈那里，我听到的是灵泛堂客与蠢老公之类的粗俗笑话，是孙悟空三打白骨精，是月亮里的张果老与嫦娥，是令人毛骨悚然的鬼神故事……父辈的故事里没有城堡与森林，没有王子与马车，没有白雪公主与灰姑娘，没有童话所特有的孩子气的美妙，但我感谢戴着草帽、坐在田间地头或老樟树下跟我讲故事的父辈们。他们那些生动而诙谐的民间故事悄悄地滋养过我那颗嗷嗷待哺的童心。

我的童年里没有童话。我知道这个世界还有安徒生、格林的时候，童年早已成了远去的背影。其时我已上了大学。我在20世纪70年代上小学，当时小学教材里也有《蚕和蚂蚁》《古代英雄的石像》之类的童话，但真正有趣的非常少。好多课文都是革命传统教育的文章，诸如《朱德的扁担》《吃水不忘挖井人》等，现在早就忘记了。唯一还记得的课文是一首透着特定时代气息的儿歌："花喜鹊，叫喳喳，队长来到我们家，后面跟着个大姐姐，胸前带朵大红花……"

没有童话，我也懵懵懂懂走过了童年，匆匆忙忙跨过了少年。从表面看，童话的缺失并没有带给我怎样的生活遗憾。但我自己清楚地知道，我的童年是一个没有多少梦想的童年，是一个没有审美联想的童年，也是一个没有想象的童年，或者说，是一个想象飞不高也走不远的童年。

冬天下雪了，我的联想就只有打雪仗；月亮出来了，我的眼里就只是月亮粑粑；三十晚上有星星，我联想的就是来年豆子会丰收；碰到深的草丛，我想到的就是毒蛇，至于蜻蜓、蚂蚁、蝴蝶无非是一群昆虫，老鹰、麻雀、斑鸠又无非是一群鸟，黄鼠狼、黑山羊无非都是与猪同类的动物。

我不知道，风霜雨雪、星光月夜、花鸟草虫里都藏着无数的秘密，无限的趣味，那里有着无穷的想象天空。是的，我的童心还来不及将自然人格化就已变得粗糙，就被一些成人化的实用法则填满了。

没有想象的童年注定没有梦想，没有梦想的童年注定没有翅膀。我的童年循规蹈矩、贴地而行，从来没有白云般的飘逸与大胆。越是听话，越是懂事，便越是飞不起来。渐渐地，我就过了可以任想象在天上飞的年龄，一天天成熟起来，也一天天世故起来。

失去童话滋养的童年最大的问题还不在此。最大的问题是，因为没有童话，我失去了一个飘逸着芬芳的精神世界。这一辈子，我绝无可能再以一个孩子的心在童话里笑，在童话里哭，在童话里憧憬。我不可能再用一双孩子的眼看到善与恶的较量，看到人性美的闪光。人生的体验无法重复，我失去的是一种文化的精神濡染。更可悲的是，进到学校之后，我的表达一开始就被老师告知：你的表达需要主题、结构与意义，因此，我不再知道从童心出发的表达才是最好的表达。

真正体验到这些问题，还是在自己做了父亲之后。儿子上幼儿园前后，几乎天天晚上缠着我讲故事，一个故事讲几遍他都饶有兴致。但我终究发现自己“黔驴技穷”，于是自己编，这时候，我才真正感到自己的想象力是何等的欠缺，何等的拙劣。自己编不好故事，就去买来一些童话书，对着书讲。

童话读多了，我才发现，其实真正优秀的童话故事并不多，好多名之为童话的故事一点童趣都没有，里面尽是些教化与理念，像个传声筒，丝毫看不到童话的精神品质与个性魅力。这时候，我才深切地意识到人们把儿童文学当作“小儿科”是何等庸俗的偏见！我也才真正感受到，优秀的儿童文学读本对于孩子成长的意义远远超过报纸里的英雄与典型。因此，我对那些世界经典童话作家的爱心与智慧，对《哈利波特》这样的天才般的构思，充满了由衷的敬意。

儿子无数次伴着童话故事入睡，他渐渐爱上了童话，产生了童话阅读的依赖感。后来他学了拼音，认识了许多字，开始了独立的童话阅读。我明显地感到，他有了属于自己的阅读世界。

有一回去开家长会，有心的语文老师以课件打出他们班孩子作文里的一些片段与句子，当然也有儿子写下的充满童趣的句子。

那一刻，我觉得儿子这一代是幸福的，他们童年里有童话陪伴，他们的童心在最纯真的岁月里跳动。

如果说爱是人类存在的根本价值，那么，爱情乃世间最为本真的人性。中国儒家文化所崇尚的“仁者爱人”，西方基督教所信仰的“爱的拯救”，都不约而同地将“爱”作为人类自我救赎的基本方式。

爱情她是个难题

爱情她是个难题，对于这样一句边走边哼的流行歌词，或许人们不会在意此中到底交织着多少年轻的叹息与泪水、融汇着多少复杂的沧桑与感慨。

借用这样一句歌词来描述目下中学校园的爱情教育，实在有如一道魔咒。对，爱情她是个难题，因而，中学爱情教育理所当然地成了一道难题。

中学爱情教育之难，难在何处？如何真正让中学语文教材里的爱情题材诗文成为爱情教育的宝贵资源？我们进行过与进行着的爱情教育是否存有误区？理想的爱情教育应当怎样？

在我们的生活话语里，爱情这个语词似乎从来就不宜大声言说。“我爱你”这样的表白，更多地属于情书，属于两个人的世界。人们更习惯于用“喜欢”来置换那个羞怯的“爱”字。因此，所有关于爱情的隐喻都与含蓄与神秘联系在一起。它是“羞答答的玫瑰，静悄悄的开”；是“月朦胧，鸟朦胧”；是“欲诉无人能懂”的“一帘幽梦”，是“有位佳人，在水一方”；是混杂着甜密、压抑与苦闷的“花季雨季”。

然而，无论我们将爱情付之于怎样的诗性描述，她终归源于我们的内心。

诗人说，哪个少男不钟情，哪个少女不怀春？当爱情悄然降临于苍茫的青春原野，为人之师的我们，究竟又能为学生做些什么？

深度关注中学生的爱情，实际上是在深度关注中学生的成长。爱情教育，远不只是一个关乎语文的命题，而是一个关乎生命的命题，一个关乎人性的命题。

爱情之重，首在于爱。如果说爱是人类存在的根本价值，那么，爱情乃世间最为本真的人性。中国儒家文化所崇尚的“仁者爱人”，西方基督教所信仰的“爱的拯救”，都不约而同地将“爱”作为人类自我救赎的基本方式。

正如电影《2012》所寓示的：没有对他者的爱，就是对人性的背叛。

如果教育的第一问是“人”，那么，“爱”就是人的第一问。

注目于今日之中学校园，成片成片地穿着统一校服的青年、准青年，在应试压力如影随形的际遇里，在日复一日、节复一节的课堂里，我们是否关注过他们内心的萌动，关注过他们的忧郁、惶恐与迷茫？是否给予过他们真正有效的成长帮助？特别是从语文教师的角度给予过他们相应的帮助？

至少有一种现象比较普遍：我们所代表的成人世界与当下青年学生所代表的青春世界，并不是一种理解、对话与融合的关系，更多的时候，是一种攻守式的尖锐对立。中学生一旦有了爱的萌动，其结局很可能就要遭到来自成人世界的“围追堵截”。于是，所谓情窦初开，永远都处于“地下状态”，此中掺杂着太多的惊慌失措。

我们不是不谈爱情，不谈爱情教育。问题在于，我们似乎没有把爱情教育真正当成过问题来研究、来直面。在爱情教育上，到底存有哪些问题？

一曰缺乏爱情教育的课程支持，没有真正的爱情教育的读本或教科书。

二曰自觉或不自觉地将爱情教育纳入德育的框架，甚至是将谁谈了恋爱就视为“不听话”“不学好样”或“品德修养值得怀疑”。

三曰以功利目标为标准来要挟初生的爱情。对于恋爱中的学生，我们最为经典的质疑便是：你与他（她）会有结果吗？你们的爱能走多远？你们的爱会有婚姻作归宿吗？没有结果的爱，当然就是浪费青春。

四曰将学生恋爱与学习对立起来，认为只要恋爱必然导致学习失败。

五曰语文教科书里的爱情诗文实际是给学生提供了一种爱的摹本或范式。这种摹本或范式，其最大的特点在于爱的悲剧性，就是说，教材呈现给学生的都是悲剧式的爱情，都与道德批判、社会批判联系在一起。《氓》里的女主人如是，《孔雀东南飞》里的刘兰芝如是，《红楼梦》里的宝黛之恋亦如是。

一言以蔽之，爱情诗文里的爱情，多是成人化的爱情，而不是成长中的爱情，是一种圣化的爱情、神化的爱情，一种理念式的爱情。换言之，我们所提供的爱情文本并非真正贴近青年生活的。长期以来，我们的爱情教育处于德性关照之下，处于政治干预之下，处于功利审视之下，《钢铁是怎样炼成的》保尔对冬妮亚的表达，相当典型地表示了“革命”大于“爱情”、“我们”大于“我”的价值取向。

特别是，我们讲爱情，是否注意到诗文里的古典爱情模式与网络、电视等现代传媒及周边生活给青年的爱情观影响？古典爱情的精致与含蓄，在今天这种扁平化的文化环境下、在快节奏的生活环境下，它是否发生了变异？

目前，我们的爱情教育基本上是离开情欲、离开性爱来谈的精神爱情。我们的言说指归永远都是“发乎情”而“止乎礼”。我们似乎不太愿意去直面、去破译身体的冲动与生命的密码。

无论我们是否意识到，在爱情教育上，我们长期所奉行的教育理念，其实是“教育为生活做准备”，即学生今日之不谈恋爱，是为了今后更好地谈恋爱。此之谓美好的风景总在前方。

我们所忽略的恰恰是“教育即生活”，忽略的是学生的当下如何做，爱情降临时如何办。

第二辑　语文教育：将孩子引向哪里

汉语文学里有着那么丰富的诗意与激情，那么美丽的联想与想象，那么深刻的启迪与感动，我们不禁要问：为什么我们都视而不见？为什么非要将那种了然无趣的“劳什子”教给学生呢？

语文教学，究竟要把我们的孩子引向哪里？

想当初，硬笔取代了毛笔，使得毛笔书写不再是生活的必需，而渐渐成为一种艺术；今天，键盘取代硬笔，使得硬笔书写不再是生活的必需，写字难道也只能作为一种艺术而存在？

当“打字”成为人们唯一的书写方式，我们是否还能拥有汉字这个根？汉字书写过程中的那种身心合一的精神享受是否依然存在？所有的追问，都在提醒着今天中小学写字教学所承载的文化使命。

当“写字”遭遇“打字”

“打字”时代的“写字”困境

这是一个打字的时代。

越来越多的现代人成天对着电脑屏，随着手指在键盘上轻快的弹奏，思想在啪啪啪的打字声中，一行行、一页页地跳跃。

电脑已经如此普及、如此深度介入到我们的生活，键盘正在悄悄取代硬笔，成为高科技时代的“书写”工具。许多作家、记者、教师、学生及现代“办公一族”，早就实现了由“写字”到“打字”的书写转型。在他们中间，除了签名之外，需要用笔的机会非常之少。因此，在今天，不管“笔”的工艺制作如何精致，它的使用功能已无可挽回地呈现出退化之势。

或许，我们每个人或多或少都能感觉到这种书写转型所带来的变化。现代人更多地依赖电话、短信与伊妹儿来沟通信息，生活中，我们再也难以收到一封手写的书信。确实，现代交流工具在为我们提供极大便捷的同时也摧毁了许多透着生命质感的美好怀想，强劲的电子科技彻底粉碎了“云中谁寄锦书来”的古典浪漫。似乎只是短短的几年工夫，功能强大的伊妹儿就使得司空见惯的书信往来变得稀疏而寥落。那种在信笺里夹着枫叶和玫瑰花瓣的含蓄与抒情早已为“80 后”所遗弃。

因为生活更多地需要“打字”而不是“写字”，我们写出的字变得越来越丑，甚至经常会突然忘掉某一个非常熟悉的汉字笔画。在这种情况下，人们笔下的错别字呈现明显的上升之势。曾经令我们引以为傲的那一笔好字、那一手书法，似乎越来越失去用武之地。难道用硬笔写字也会渐渐渐地像那些散发着墨香的毛笔书法一样，成为少数人把玩的艺术和奢侈品？

“打字”给中小学“写字”教学带来的冲击

在传统语文教育中，写字从来就拥有不可动摇的基础性地位。在漫长的封建科举时代，人们一直信奉着“字是打门锤”的千年古训。

字，被视为读书人的“第二张脸”。在我们的历史记忆中，旧式读书人无不以写得一手好字为荣耀。还在毛笔书写的时代，我们的先人、祖辈、父辈在蒙学阶段就要接受非常严格的写字训练。如描红、习帖等等。到了 1904 年，在中国近代第一个学制《奏定学堂章程》中，“中国文学”与“中国文字”课明确将“习字”作为培养目标。尔后，在相当长的历史时期内，“习字”一直作为中小学语文教育的重要内容而存在。

到底如何看待写字的价值？古人有着深刻的认识。写字的过程，既是通过“入格”练就写字“童子功”的过程，又是习字者通过横竖撇捺表达个性、情思的创造性过程。汉字书写从来就是充满着艺术灵性和艺术美感的活动。应当说，在毛笔书写的时代，汉字的笔画和结体之美被演绎到极致。从《兰亭集序》《曹全碑》《柳公权集》等著名碑帖中，我们惊叹于汉字书写所达到的出神入化的美学境界。从这些气韵生动的书法中，我们看到的是一种亘古而恒久的形式美。

即使不上升到书法层次，就在寻常的毛笔书写中，在“点如瓜子撇如刀”等技术性要求下，在大小相间、俯仰相生、上下呼应、虚实结合等艺术性追求中，汉字书写过程同样蕴含着许多“美的规律”。

写字是一种生命体验的过程。写字的过程是运气凝神、传情达意、澡雪精神、宁静致远的过程。换言之，写字远远不只是一种规范性的技术，它所折射的是一个人的性情、气质、艺术禀赋乃至精神追求。此之谓：“字如其人”。

然而，随着钢笔的兴起，翰墨流香的书法艺术逐渐从中小学教育淡出。笔走龙蛇的毛笔书法，逐渐不为日常交流与交际所需，于是，属于它的命运便是成为悬诸中堂、具有观赏价值的艺术品。

写字与书法艺术的失落，成为书写工具进步的惨痛代价。这是一种不可逆转的文化过程，交织着科技演进的伟力和文化失落的感伤。今天，当“写字”遭遇“打字”，由键盘代替硬笔的尴尬与困境正如当初由硬笔代替毛笔一样。

今天，我们亲身体验到这种文化的疼痛。那么，我们是眼睁睁地看着一代人在汉字书写技能方面的退化还是通过中小学语文教学来寻求抗拒、诊治与救赎的良方？这正是我们在“打字时代”谈论“写字”的重大意义。

我们看到，尽管“识字与写字”成为了小学语文课程标准中的

“目标话语”，但是，从实践来看，中小学生写字教学基本上处于一种被放逐的状态。

首先，从写字教材与教学的角度看。

虽然中小学《写字》教材作为地方教材之一在各地得到开发，但绝大多数学校并未开出专门的写字课。这就意味着，在小学阶段我们始终没有相应的写字教学的目标、步骤、方法。写字教学过程往往与语文教学过程混合为一，教师对学生的写字指导仅仅只是分散在生字教学的过程中，不成体系，随意性很强。

在新课改理念的鼓动下，当下的小学语文教育打着空泛的人文旗号，消解了扎实的语言文字学习。在语文公开课上，我们见到太多的深度阐释与多元解读，很少会有人愿意把“写字”当成公开课教学内容。遇到学生有写错的字，教师习惯于轻描淡写，一带而过。也许在教师看来，相对于课文的人文诠释来说，“写字教学”似乎显得太过老土，没有“学问”，写字似乎成了一件不值一提的小事。在这方面，倒是一些老特级教师为我们做出了表率，如于永正先生就非常重视让孩子写对、写好一个汉字。

由于写字没有从根本上取得独立的教学地位，小学生写字的握笔姿势错误者不乏其人；由于汉字书写并未进入学生语文学习的考核内容，学生写字的好坏基本上处于放任自流的状态。到了初中，写字教学则完全消弭于语文教学之中。在一纸试卷面前，字写得好不好根本不被师生所重视。正是在这种功利取向下，电脑以迅雷不及掩耳之势进入千家万户，不少学生成为“打字”一族。本来写字教学就不到位，再加上“打字”所产生的强大冲击波，中小学生出现写字水平的整体滑坡自是情理之中的事情。

与学校写字教学被冷落的现象相对应的是，社会上关于“写字”

和“书法”的培训班却层出不穷。在商业化运作中，“写字”成为简单的技巧训练，成为一门可以炫耀的“特长”。

其次，教师作为写字教学的主体，在写字方面存在着显著的素养缺失。

我们知道，在高校扩招之前，“师范学校”在培养小学师资方面一直发挥着重要作用。在那个时代，只有成绩一流的初中毕业生才可能被选拔到师范学习，成为小学师资的后备力量。那时，因为师范学校定位明确，作为未来教师的技能训练得到高度重视。衡量一个师范生是否严格，最基本的条件即毛笔字、钢笔字、粉笔字及普通话，即所谓“三字一话”。高校在一窝蜂地扩招、合并之后，大量的师范学校被冲击，招生成了大问题。于是，不少师范一夜之间就改成了普通高中，有的则匆匆忙忙完成了升格，有的则合并到其他高校。师范学校培养小学师资的这一功能变得越来越模糊。一方面，师范学校不再像从前那样可以招到一流的学生，到师范读书的只是上了职业院校录取线的一些并不优秀的学生。另一方面，即使是这样招来的学生，因为师范学校“师范”意识的淡漠，对所谓师范生的素质、技能训练亦相对放松。近些年来，从师范学校出来的学生中，很少有学生的“三字一话”表现优秀。“师范”这片曾经美丽圣洁的净土，似乎一夜之间就成为“订单式教育”的培训基地。因此，新一代小学师资，也许文凭早就提升到了本科与研究生层次，但在写字、说话、阅读、写作等语文基本功方面，远逊于从前。

在关于写字教学现状的访谈中，一位小学教研室主任跟我们讲述了这样一个细节：现在，不少新老师不只是字写得不好，而且经常上课写错字。她举例说，他们校长的名字中正好有一个“德”字，平时在学校组织的一些问卷测评中，她发现：学校里把“德”字写错的教师可以说不乏其人，包括不少班主任。在填写学生爱好与特长时，真正把“钢琴”这个词写对的人都不是很多。

这实在是一种令人深思的细节。我们成天在叫着更新理念，成天居高临下地要求一线教师“洗脑”，可是，如果连这样一些最基本的语文基本功都没有，所谓的理念更新不是一句空话吗？

我们该做什么

从毛笔到硬笔、由硬笔到键盘，科技手段的进步带来书写工具的革命，无疑为人们的书面交流带来了极大便利，开辟出一个又一个新的时代。然而，为这种“便利”所付出的代价也是昂贵的：因为不再“实用”，人们倚重的毛笔书写和硬笔书写越来越失去了民众基础和发展空间。想当初，硬笔取代了毛笔，使得毛笔书写不再是生活的必需，而渐渐成为一种艺术；今天，键盘取代硬笔，使得硬笔书写不再是生活的必需，写字难道也只能作为一种艺术而存在？

由“写字”到“打字”的时代转变，再一次让我们感觉到高科技永远都是一把锐利的“双面刀锋”，它在现实的繁琐间披荆斩棘的同时，也可能要以斫削人文与艺术为代价。

我们知道，现代人对科技产品的基本要求便是方便快捷。按钮式启动、傻瓜式操作、模式选择、便于复制……然而，高科技“生产工具”越是为人考虑得多，就越有可能掘出人类功能退化的陷阱，就越有可能剥夺人类的艺术想象力和创造力，就越有可能沦为“机器”的仆人，就越有可能损害充满生命个性的艺术发展。这方面的例证实在太多太多。不是吗？一旦人们将手工小作坊里的精工细作转变为现代工业的车间生产，所有的产品便失去了生命与艺术的不可复制性。从这个意义上说，高科技与工业化带给我们的，远远不只是效率的提升与利益的追逐，同时，它也意味着一种工艺的远去、消失乃至绝迹。或许，这是在科学与艺术间一种无法取得平衡的悖论。

20世纪以来，科学以横扫一切的伟大力量，将我们带入一个简单操作和机械复制的时代。到了今天，我们在享受机械智能化之优越性的时候，是否意识到我们那些曾经强劲的功能正日益退化？我们在"敲"着这些电子文档的时候，在津津乐道于"无纸化办公"的时候，我们是不是意识到：将来的汉字书写会不会像今日的毛笔书法一样成为少数人的专利？有一天，当"纸"和"笔"全线退出现代人的生活，那是一种进步，还是一场灾难？

汉字是中华文化之根。当"打字"成为人们唯一的书写方式，我们是否还能拥有这个根？汉字书写过程中的那种身心合一的精神享受是否依然存在？所有的追问，似乎都在提醒着今天中小学写字教学所承载的文化使命。

我们认为，一方面，要承认由"写字"到"打字"的时代合理性，另一方面，我们真的需要从娃娃抓起，让他们从小横平竖直地写好中国字，认认真真地做好中国人。

我们需要切切实实开设写字课，制订周密的写字教学计划，落实"写字"的课程地位；我们需要建立关于写字教学的考核标准，为写字教学寻求制度支持；我们需要以长远的眼光，打造无愧于民族未来的中小学师资队伍，让"写字"成为现代语文教师的一张"文化名片"。

在阅读与欣赏的过程中，“哲理泛化”很容易以“追求深刻”的名义而消解文本内容的丰富性，使文学欣赏的过程异化为单调的意义求索与理性抽象的过程。

不要走向“哲理泛化”

——兼评湖南省2008年高考作文题

高考作文命题需要怎样的出发点？我以为，这是一个关乎高考命题优劣的前提性问题。所谓出发点，我们可以将它理解为最核心的命题理念，最根本的思想立场，最本真的命题心态。具体说来，就是高考作文命题者究竟是从“自己的主观偏好”出发，还是从考生的心灵需求出发？是带着一种“与考生为敌”、反“猜题押题”的心态命题，还是设身处地为考生着想，本着测试真实水平、选择优秀人才的原则来命题？是以一种霸权姿态凌驾于中学语文教育之上，让自己站到语文教师的对立面来命题，还是本着为中学语文教育作出正确导向的原则来命题？

高考作文命题的第一原则应是以人为本。从人本立场出发，注重哲理思辨、培养学生的哲学思维能力，是近年来高考作文命题的一个重要趋势。在注重哲理的语境下，湖南省今年的高考作文算是一则典型案例。题目要求考生根据“天街小雨润如酥，草色遥看近却无”这两句诗的意境和哲理写一篇议论文或记叙文。题目自拟，字数800左右。

与任何一道高考作文题一样，评论湖南题的优劣得失，难以一概而论。笔者虽系湘人，却本着不为命题者讳的原则，提出此命题在出发点上出现的偏差。我以为，此题的最大问题在于它从“注重哲理思辨”走向了“哲理泛化”的误区。

从写景诗句中读出“哲理”的提示，可能影响到中学诗歌教学甚至阅读教学走向“哲理泛化”。材料所选的韩诗，本是一首典型的关于早春的写景诗。原诗四句：“天街小雨润如酥，草色遥看近却无。最是一年春好处，绝胜烟柳满皇都。”其中，“草色遥看近却无”堪为诗中妙句。妙就妙在，它将早春时节还刚刚萌发的春草活脱脱地再现在你我的眼前。这种遥看有新绿、近看又不见的奇特美感，可谓人人心中有，个个笔下无。质朴的诗句中仿佛透着新春的气息。诗人为什么写这首诗？这首诗何以流传至今？就在于早春景色与早春心情浑然于一的意境，就在于这是一首别具一格的写景诗。然而，命题者却避重就轻，偏要引导学生从“草色遥看近却无”里读出“哲理”。我想，即令是当年的韩愈，他欣然写下“草色遥看近却无”的时候，他的感觉无非是眼前确实有着那一抹让他心动的春草绿色，他实实在在地在写着眼前“有什么”，并不曾料到：此诗句中居然还蕴含了如此深刻的宇宙精理和人生大道！

当然，我们应当承认诗的意象是多元的，诗意的理解是仁者见仁、智者见智的过程。问题是，我们不能因为“多元解读”的可能性而走向诗歌欣赏中的“哲理泛化”。因为，在阅读与欣赏的过程中，“哲理泛化”很容易以“追求深刻”的名义而消解文本内容的丰富性，使文学欣赏的过程异化为单调的意义求索与理性抽象的过程。在“哲理泛化”的思路下，诸如“竹外桃花三两枝，春江水暖鸭先知”之类的诗句也是蕴含“哲理”的。照此类推，我们很可能将找不出纯然写景或言情的诗句，因为，任何一句诗都可能读出其中的“哲理”，都可以挖出无数“微言大义”！在我看来，湖南高考作文中的那一句从诗句中“读出哲理”的提示，在某种意义上是在宣扬一种背离诗歌本意的诗歌鉴赏观或文本阅读观。

命题中的“哲理泛化”思路，直接影响到一线语文教师对“命题”的理解。笔者注意到，有教师居然从“草色遥看近却无”里领悟到：小草不显摆个人英雄主义，小草具有强烈的集体主义观念，凝结成强悍的团队精神。小草精神，小草泛绿的团队精神，难道不能给我们人类留下思考与启迪吗？

我以为，这正是“哲理泛化”下的“意义强加”与“主题拔高”的典型表现。试想，“草色遥看近却无”，遥看之所以“有”，近看之所以“无”，一切都缘于距离。这里是“远与近”的关系，而绝非“多与少”的关系。原本是距离带来视觉感官的变化，这与“草独”或“草众”有何干系？从初春的小草里读到个人主义与集体主义、团队精神，听起来总感觉别扭，甚至觉得有些牵强附会！

应该说，高考作文中注重哲理思辨，本是很好的导向。然而，如果由此走向“哲理泛化”，甚至异化为主题“拔高”与“抽象”，这种负面影响或许是命题者始料不及的。

高考作文“精致化”的背后，实际上是“带着镣铐的舞蹈”，是思维与情感被型塑、被模式化的无奈与悲怆，是对个性与创造不自觉的束缚与扼杀，是一种不正的“文风”。这种“文风”固然是“文章病症”，但在一定程度上，它们又何尝不是一种现实担当精神的丢失，一种理想情怀的远逝？

“精致化”的背后是什么

每年高考之后，那些百里挑一、万里挑一的满分作文或高分作文往往成为媒体争抢眼球的一道甜点，成为无数考生欣羡与模仿、无数教师翻印与解析的经典个案。至于汇聚历年优秀作文的“大全”“宝典”之类，更是凭着张扬的商业广告，引得无数汲汲于考分的学子或家长急功近利去寻求作文的“独门秘笈”。

高考作文何以产生如此普遍的教学影响及市场反应，笔者不作评述。现在，随意从坊里选择一本优秀高考作文选，请读一读这些在考场上傲视群伦、脱颖而出的篇章。应当说，考生们那种洋洋洒洒、一蹴而就的敏捷才思的确令人刮目相看，这些文字中也确实有不少文思俱美的佳构。然而，毋庸讳言，正是这些高考优秀作文带给我们强烈的“审美疲劳”。

“审美疲劳”从何而来？一言以蔽之，来自于应试情境下高考优秀作文的“精致化”取向。何谓“精致化”？就是我们从大量的高考作文里难以看到青年学生独立、自主的思想，深切、厚重的现实关怀，真诚、炽烈的人文情怀，难以看到一代人真实的成长和真实的青春。展现在我们面前的，更多的是失去生活品格和情感内蕴的华美辞章。

“精致化”的本质是“形式化”。透过这些优秀作文，很多时候，我们感受到的不是青年学生心中的那份使命与忧患，不是他们燃起的激情与梦想，不是可贵的理性与责任，而仅仅是一堆言辞，一堆垒成了七宝楼台的“语言游戏”。

高考作文“精致化”的表现随处可见。君不见，那么多决胜于考场的作者，他们都不约而同地写着并列式的短小段落，每个段落里从来不乏一气贯下的排比，而在诸如开头、过渡、结尾等文章醒目处，又大都是一些精警的、如同格言的短句独立成段。特别是，两两相对的骈偶句子更是频频出现：前面若写“朝霞满天”，下文必述“夕阳西下”；上一句写“春花烂漫”，下一句自有“秋月如水”；上一段是“回望历史”，下一段必为“展望未来”，凡此种种，不一而足。这样写下的文辞不可谓不朗朗上口，不可谓不先声夺人。实践表明，它们确实只在一瞬间就能捉住评卷老师的目光。然而，也正是这种精致化、形式化的句子遮蔽了考生们最宝贵的人生思考与生命感悟，也消解了他们青春的光焰与热力。

从这个意义上说，高考作文“精致化”的背后，实际上是“带着镣铐的舞蹈”，是思维与情感被型塑、被模式化的无奈与悲怆，是对个性与创造不自觉的束缚与扼杀，是一种不正的“文风”。这种“文风”固然是“文章病症”，但在一定程度上，它们又何尝不是一种现实担当精神的丢失，一种理想情怀的远逝？

高考优秀作文的“精致化”现象，很容易让人联想到六朝文学追求骈俪的形式主义文风，联想到“文起八代之衰”的散文大家韩愈。六朝文学之病或可归罪于骈丽化取向，今日之高考作文却是应试惹的祸。

笔者曾听到某著名中学之特级教师上了一堂高三作文观摩课。老师跟学生指导些什么呢？原来是指导学生如何写出哲理性短句，以备将来应试之需。哲理本是思维开出的最美花朵，而在这位“特级”眼里，它却降格成了一种可以举一而反三的“文字技术”。我们丝毫不怀疑这种应试指导对于学生在短时间内“捞分”的“速效”，但如此功利化的指导，不能不说是对作文“精致化”取向的推波助澜。

多年前，就有学者痛斥中学生作文严重“缺钙”。缺钙者，缺思想，缺风骨也。想想，一个高三学生正处于风华正茂、血气方刚的年龄，是信仰确立、梦想放飞、热血沸腾的年龄。卡尔·马克思于中学毕业时的演讲，字里行间跳动着志存高远的心性，青年毛泽东当年于湖南省立一中写下的《商鞅徙木立信论》可谓掷地有声、饱含忧患。这些，固然非人人可及的伟人襟怀与气度。但，今日之中学生迫切需要唤起的正是一种“俱怀逸兴壮思飞，可上九天揽明月”的理想主义与浪漫情怀，是一种兼济天下的社会担当精神。

我想，只有我们站定“语文育人”“语文立人”的立场，高考作文之命题与评卷、辅导与教学才可能确定好行走的坐标，也才不至于沉入作文“精致化”的泥淖里不能自拔。

当我们以“过程追问”取代“结论批评”，对于芸芸考生、对于整个中小学语文教育，都将善莫大焉。

岂能只放“马后炮”

批评高考作文似乎无需太多的“专业背景”。每年的高考题一出来，各方“神圣”汇聚传媒，谁都想凭着自己的直觉与经验来“激扬文字”。

没有哪一道高考题会像作文这样受到社会的高度关注。不知从何时起，高考作文批评远远不只是关于语文教育的批评，而是一种“牵一发而动全身”的社会批评、道德批评、教育批评和文化批评。

何以如此呢？作文的呈现形式是学生的语言成品。而语言即思想、语言即精神、语言即人。就是说，高考作文所暴露的问题，远远不只是语文教育的问题，它很可能是中学教育整体性问题的汇聚。透过高考作文这个窗口，人们将看到成长中的一代青年的人生态度、价值观念、人格品质和心灵追求。换言之，高考作文所传达的是我们这个社会现实的乃至未来的人文底蕴和精神姿态。

这样说来，高考作文无疑是我们反思中国教育的重要平台与有效路径。

高考作文受人关注，正是高考作文备受批评的原因。但我们发现，有关高考作文之批评大多具有季节性，批评之声以每年高考之后为最繁复、最响亮。不论是对全国高考卷还是部分自主命题的省市卷，一旦作文题公之于众，等待它的命运很可能就是被争鸣、被质疑甚至被指责。绝大多数批评文章慷慨激昂，言之凿凿，发人深思。应当看到，这些代表社会良心的批评文字，对于校正高考作文之命题航向、革新高考作文之命题思路、探索高考作文之命题范式，无疑有着重要的现实意义。

然而，我们又不能不看到，无论这些言说多么充满真知灼见，无论这些批评或建议多么精辟深刻，对于当年那些“在场的”“亲历的”考生来说，所有的批评都是“过去时”，都是“马后炮”。生命不可逆转，高考难以再来，所有痛与快的体验都不可复制。因之，在他们的生命里，再好的“建言”也不过是“迟到的爱”。

难道我们非要等到高考帷幕已落、一切都木已成舟的时候才忽而想到要拿起批评的武器吗？我们能不能从对“命题结果”的批判走向“命题过程”的追问？

对于事关千家万户、事关学生未来的高考命题来说，其重要性不言而喻。问题的关键在于，谁来命？如何命？有什么样的科学机制来保证命题的最优化？我们看到，从已然出现的高考作文题来看，不能说没有让人耳目一新、让人拍手叫好、让人豁然开朗的命题，但总的说来，真正经得起叩问的好题并不多见。这种现实，自然要激发我们对于作文命题者、命题过程及相应的命题机制的强烈追问。

笔者以为，在当下亟待完善和建立的是严格的命题“准入机制”，凸显民主精神的命题“论证机制”，多重命题方案竞争的“竞标机制”。

当然，这些都还只是对一些原则性问题的思考，具体的操作模式和方法还有待探索。

我们虽然以“马后炮”来指称发生于高考之后的、所有关于作文命题的批评与争鸣，但这里的“马后”仅仅只是表示时间，不具任何贬义，也丝毫不意味着我们对这些批评的价值予以否认。恰恰相反，这种“马后炮”非常必要。我们的建言无非一点：如果有意识地将高考作文批评之重心往前移，人们才不至于以“批评”始而以“批评”终；或者说，愤激之后，归于平静。

我想，当我们以“过程追问”取代“结论批评”，对于芸芸考生、对于整个中小学语文教育，都将善莫大焉。

高考作文命题若离开了学生终身发展这个根本宗旨，离开了促进中小学语文教学，特别是作文教学健康发展这一根本立场，它就可能异变为无聊的文字游戏，异变为一种“以学生为敌”的“躲猫猫”，异变为体制与权力庇佑下的“主观臆断”。

踮起脚尖也“够不着”

——评湖南省 2009 年高考作文题

以“踮起脚尖”为题目，写一篇字数不少于 800 字的议论文或记叙文，这就是湖南省今年的高考作文命题。

“踮起脚尖”是什么？是一个足部动作，一种行为习惯，还是一个特别细节？如果不是赫然出现在万众瞩目的高考作文中，恐怕谁都不会对这个泯然于众的语词给予任何特别关注，更无心去对它可能蕴含的隐喻义、象征义、联想义、引申义去作掘地三尺的搜寻，也不会去由显而隐、由近而远地“穿凿附会”。

然而，不论“踮起脚尖”如何让人不屑一顾，如何让人始料未及，一切都木已成舟，它以庄严而霸道的姿态主宰着 50 多万湖南考生的思想与视野。

高考开考那日，笔者便急不可耐地四处打听作文题。当得知竟是“踮起脚尖”时，所有热切的期待瞬间化为如铅的失落。那情景，正如原本祈盼着一杯芬芳的佳酿，而结果得到的却是一瓶走气的啤酒。

在我看来，这是一道逼仄而小气的文题，它无法给学生提供宽阔、丰富、多元的思维空间。唯其逼仄，“踮起脚尖”便成为学生“够不着”的作文标的。

与种种来自格言或文化语库的命题相比，“踮起脚尖”是如此随意，甚至可以说随意得近乎草率。作为纯粹命题作文之题目，如此寻常的四个字到底能在多大程度上触发城乡考生的生活、思维、情感？面对此题，我们无法知晓考生们有着怎样的茫然与焦灼，怎样的紧张与无助，我只知道，当我将此题告诉一位拥有几十年中学语文教育经历的老语文特级教师的时候，他坦言：他在听到文题的第一时间里，头脑是懵的，不知从何下笔。

不好下笔终归必须下笔。现在，不妨假定自己就是考生，《踮起脚尖》让我想起什么呢？思想且从文题的字面义与隐喻义两个维度展开。

其一，从字面看，踮起脚尖，无非是抬起脚后跟的一个动作。这么个足部动作，能写出什么文章来呢？若写记叙文，肯定离不开编织故事。现在，假定“踮起脚尖”是某人的一个习惯动作，这个“习惯”是如何来的呢？这个习惯能折射出他的心态、他的思想或信念吗？顺着这个思路可编出文章来。考场情境太紧张了，要么就编个简单的故事。比方说，某次与朋友看演出，本来坐在前排，因为节目太精彩了，不自觉地“踮起了脚尖”，结果影响到后排观众。几经波折之后，可写下心中的忏悔与觉悟，发一发关乎个人与集体之类的议论，这样也可以凑成一篇文字。

当然，若这样写，思维还停留于“踮起脚尖”的字面意义，真正要走向深刻的理性，还不能把“踮起脚尖”仅仅理解为一个实在的动作，最好是从中开掘出尽可能高深而丰富的象征与隐喻意义。思维进入这一层次，或许稍微活络了一些。比方说，“踮起脚尖”作为一种人生姿势，它明显不同于“低眉顺眼”，不同于“弯腰屈膝”，它甚至是怀抱理想、憧憬未来的一种意象。因此，“踮起脚尖”能让我们想到“引颈眺望”，想到“自我超越”，想到“尽最大努力地追寻”，想到荀子的“吾尝跂（跂者，踮脚也）而望矣，不如登高之博见也”。如果联系到鲁迅先生描写无聊看客时的文字，我们甚至可以对“踮起脚尖”的看客心态予以批评。

从联想与引申的维度看，“踮起脚尖”里似乎也还有一些“深言大意”。然而，这毕竟是我——一个做过语文教师、从事编辑记者工作十余年的人——的构想，并且这些构想产生于远远不同于考场的书房。从大面积看，那些十七八岁的考生会不会或能不能想到这些？（当然不排除有相当多的优秀者会有更精彩的运思）退一步说，即令城市孩子能想得到、写得出，大量的农村孩子会不会想得到、写得出？此其一。

其二，如果说“踮起脚尖”有很深的象征或寓意，那么，我们若随便换上闭上眼睛、伸开双臂、低下头颅来做高考考题又有何不可？照此“意义”泛化的思路，我疑心即使以湖南人爱吃的“辣椒豆豉”作高考题也能找得到理论辩护。

笔者在想，汉语里有那么多蕴含丰富的语词与命题，为什么我们的命题者视而不见，偏偏将这个叫人哭笑不得的“踮起脚尖”嵌到神圣的考卷之上？

或许，这里隐含着一种防宿构、反押题的命题心态。正是担心被学生猜到题、押到题，命题人便拼命地往偏的、难的、怪的方面去动脑筋。这就关系到高考命题的根本问题了，即高考作文命题者到底站在怎样的立场上命题。我想，高考作文命题若离开了学生终身发展这个根本宗旨，离开了促进中小学语文教学，特别是作文教学健康发展这一根本立场，纵使有一万个理由一万种无奈，它都无法承担语文教育之重，它就可能异变为无聊的文字游戏，异变为一种“以学生为敌”的“躲猫猫”，异变为体制与权力庇佑下的“主观臆断”。

在我看来，理想的高考作文命题，里面的每个语词，每个信息，乃至每个提示，都应当带有启发与召唤的力量，或者说，高考作文应当是一个充满创造的“召唤结构”，是属于青春与智慧的魅力空间。最起码，它在考生面前应当是亲切的、可爱的、富有启示性的，让人蠢蠢欲动的，至少它要让不同地域、不同层次的考生都有话可说。

在反押题、防宿构的取向下，命题者的思维往往在刁钻中显示出“平庸的恶”。从此，命题与浅白、与大气、与形象、与文学无缘矣。这么多年来，我喜欢《在旅途上》《面向大海》《雨后》《他们》之类的文题，然而却太少太少。在命题者那种剑走偏锋的怪异心态下，我疑心他们早就建立了关于文章标题的新的美学判断标准。像语文教科书里的标题，那都会显得清浅可笑。《社戏》《我的空中楼阁》《匆匆》，这都是些什么题啊？简直太小儿科了。哪有“踮起脚尖”这般牛气？

呜呼！高考作文这一可怕的“屠龙术”，何日可休？

不过，话还得说回来。2009年湖南高考作文里总算于不经意间透露了一点让人振奋的信息。但它不是在题目里，而是在题目下的说明文字中，即明确提出可写记叙文。

改革开放30年来，高考作文写议论文早已铸成大气候。这或许可归因于：在应生活之急的语文实用观指导下，议论文显得更有社会功能，更有利于日后去写八股味十足的“官样文章”吧。其实，写记叙文，关乎形象思维，关乎生活体验，没有这个基础，提高语文素养便成一纸空文。从这个意义上说，湖南高考明确提到可写记叙文，对扭转那种唯议论独尊的命题取向，倒是有着相当紧迫的现实意义。

一个从经典阅读中收获着快乐的孩子与一个成天操练“屠龙术”的孩子，后者或许更容易在各类语文考试里获得高分。这是不是当下语文教育的悲哀！

将孩子引向哪里

有这么个小男孩，读三年级，是个十足的小书迷。

他喜欢历史和童话，幽默与笑话，特别痴迷于《三国演义》与《水浒传》。像“三国”“水浒”这样的古典小说，远不像今天的白话，其中有大量的文言词句，还穿插着大量古体诗词。这些都是一个三年级孩子不曾“学”过的。奇怪的是，这孩子常常一个人沉醉于惊险的场面、有趣的人物和曲折的故事里，他丝毫都不觉得在语言理解上有什么障碍。

有一天晚上，孩子终于把《三国演义》的上中下三本全部读完。他静静地伏在桌上、悄悄地用铅笔写了四句读后感：“孙刘两军若联合，山河岂属曹家人。待到司马建西晋，为何只惜一关公？”短短四句诗给孩子的妈妈一个莫大的惊喜！她不明白：从来没人教孩子怎样写诗，他怎么能出口成“诗”？他怎么会想到要用这样的方式来表达自己的阅读感受？

孩子说不出为什么，他只是喜欢。喜欢刘备、孙权与关云长，喜欢战场上的斗智斗勇，喜欢让自己沉浸在充满悬念的故事中。至于诗歌，看得多了，自然能背；背得多了，自然想“写”。

在孩子自由阅读的世界里，兴趣之火一旦燃烧，所有的平凡都将铸造出神奇。然而，同样是这个孩子，在“语文作业”的世界里，却完全是另外一种情景。在这里，所有的一切又都归于平庸平淡，甚而枯燥乏味、迷茫无助。

放学之后，妈妈压着他背书，他背的不是铿锵有致的唐诗宋词，不是含蓄而蕴藉的经典语言，而是一篇叫《画杨桃》的文章。背得拖腔拉调、毫无感情。从孩子背书时的表情里，你根本找不到那种飞扬的灵性！也许，在他心里，《画杨桃》远不如关云长手里的大刀那么有趣而威风。

临近考试了，孩子每天都要从学校带回一张试卷。这个能够读懂《三国演义》、读懂《水浒传》的聪慧孩子，却经常读不懂试卷中的“阅读理解”；这个可以自觉写诗的孩子，却经常面对试卷上的一条横线、一个括弧而眉头紧锁。

试卷上都是些什么题目呢？很优美的一篇童话，却被命题者从这里“挖”掉一个词、那里“挖”走一个句子，然后让孩子去选择恰当的词语和句子填空。好端端的一段话，命题者却有意打乱语序，让孩子去重新排列。而所谓“阅读理解”，最常见的问题是：画波浪线的句子中“这一个”是指代什么？某某句子能表达出作者怎样的心情？如此等等。

孩子不太会做，老是去问妈妈。别看妈妈在大学中文系做教师十多年，这些三年级的语文试题会经常“难”住她，好多题目实在太“古怪”了，真不知命题者长着怎样一颗与众不同的大脑！

有道题这样问：画横线的两个句子分别表达了作者怎样的心情？孩子填了一个“高兴”，妈妈觉得有道理，没改。第二天，孩子却从老师那里得到了“正确答案”：第一句表达的是“感激”的心情，第二句表达的是“感恩”的心情。孩子的语气里明显洋溢着得到答案后的得意，妈妈却怎么也笑不起来。心想：“感恩”是不是一种“感激”？对于一个三年级孩子来说，这种区分究竟出于怎样的目的？想来想去都不明白，只是觉得，如此愚蠢而拙劣的试题只能说明一点：命题者根本不知何为“语文”，也不知何为“阅读”。

给打乱的句子排序，知道“这”指代什么，能区分“感激”与“感恩”，编制诸如此类的阅读题目或许可以找得到一百个庄严而堂皇的理由，但孩子们一个漠然的眼神就足以将这一百个坚强的理由击得粉碎。其实，命题者可以扪心自问：究竟在什么样的生活情景下，我们需要去给一堆乱七八糟的句子排序？谁会在你阅读的时候冷不丁地问：某个句子里的“这”指代什么？谁会无聊地让你去辨析“感激”与“感恩”的不同？

从小学到高中，语文测试里到处可见这种“语文试题”。这样的试题及其隐藏在试题后的“语文教育理念”，使得我们可亲可爱的母语已然异化成为除应试外永远派不上用场的“屠龙术”。

可悲复可叹的是，这样的“屠龙术”正凭借着考试的力量深刻地主导着孩子们的语文学习。

滔滔湘水无数次聆听过湖湘子弟的激情誓言，岳麓书院也见证着湖湘文化的沧桑与辉煌。今天，我们依然在湖湘文化的大地上行走，依然在湖湘文化的天空下飞翔。我们生活在魏源、曾国藩、黄兴、蔡锷、毛泽东、刘少奇生活过的土地上，难道这仅仅只是文章里的一种自豪？

培植“湖湘语文”

我们所说的“湖湘语文”，就是以湖湘文化为底色和底蕴的语文教育。

“湖湘语文”与“湖南语文”，仅一字之差，但“湖湘”所强调的不是行政区划，而是文化归属。

“湖湘语文”不在于标举此种“语文”有何异质，而在于湖湘人在语文教育研究与实践的历史进程中，保持一份深刻的文化自觉，极力彰显湖湘人血液中流淌的爱国济民、敢为人先、经世致用、坚忍强健、兼容并蓄、与时俱进的湖湘文化精神。

在中国语文教育呼唤本土化、民族化的语境中，在大一统的语文教育研究格局中，我们鲜明地树起“湖湘语文”这面地域文化下的语文教学大旗，是建设湖南语文教学“研究共同体”的需要，是强化地域文化认同感、挖掘丰富的湖湘语文教研资源的需要，是建设湖南语文教育实践与研究的人才梯队，实现中小学语文教育学术研究、教研引领和田野实践之间对话的需要，是铸造湖南语文教育界集体群像的需要。

在应试教育依然严峻的当下，在语文教育依然是带着镣铐跳舞的当下，我们“湖湘语文”如何在历史使命感与责任感的驱使下，杀出一条血路、开出一片新天？

路在脚下！

湖湘语文的文化渊源

“湖湘语文”的底蕴与根基来自于湖湘文化。

提起湖湘文化，人们自然会联想到岳麓山下的那座千年书院。仅从存在的时间上考察，岳麓书院之历史比英国之牛津、美国之哈佛更为久远。自宋代起，数百年来，这里名师咸集，学者如云，一度成为全国学术活动中心。

遥想当年，湖湘学派之传人张栻，以一种海纳百川的胸襟迎接着远道而来的朱熹，两位大师于岳麓书院设坛讲学，如切如磋，如琢如磨，其兼容并蓄、有容乃大的学术风范何其令人神往！至明代，一代硕儒王阳明与东林学派到此，学院一时云蒸霞蔚，辉映四海；明清之际，王船山布道于斯，学者络绎不绝，奔走相告……

毫无疑问，岳麓书院是湖湘文化的象征。

值得追问的是，湖湘文化是一种怎样的文化？不了解湖湘文化精神，我们就理解不了“湖湘语文”中“湖湘”二字的分量与重量。

人是文化的核心。对于历史与现实中湖南人所表现出来的群体性精神、气质、性格的破译，就是对湖湘文化和湖湘精神的最好阐释。

惟楚有材，于斯为盛。湖南从来就是一个豪杰并起、人才辈出的地方。

从“睁眼看世界的第一人”魏源、创造“湘军”的曾国藩到抬棺出阵、收复新疆的左宗棠，从“我自横刀向天笑”的维新志士谭嗣同、“无君即无民国，有史必有斯人”的黄兴到“为四万万人争人格”的蔡锷，从毛泽东、刘少奇、彭德怀、朱镕基等杰出的政治家到袁隆平、黄伯云等卓越的科学家，从沈从文、黄永玉、谭盾等一大批湘籍文学家、画家、音乐艺术家到无数湖湘俊杰……无论是政治、军事、科学还是文学、艺术，无论文韬还是武略，湖南人都足以令世人刮目相看，甚至有人将湖南誉为中国的“人才之都”。

湖南人才中从来不乏改变中国社会的风流人物。“一部中国近代史，半部由湘人写就”，这已成为中国历史的共识。

为什么湖湘大地孕育出如此优秀的儿女？湖南人到底有着怎样独特的性格？湖湘文化到底有着怎样的精神内核？

湖湘文化，博大精深。然而，若对湖湘人才群落加以历史考察与现实剖析，你会发现，湖湘文化精神的最大要义在于：它是一种忧世济民、九死不悔的担当精神，一种与时俱进、敢为人先的创造精神，一种经世致用、实事求是的务实精神。

湖湘精神不是写在书本里的条文，它表现为湖南人的群体性格和价值取向。湖南人最突出的特点就是既“霸蛮”又“灵泛”。“霸蛮”就是坚忍、执著、倔强、刚硬，就是不怕苦、不怕累、不怕死的血性精神。这种“蛮”性与湖南三面环山、一面临湖的地理环境有关，更与湖湘文化的浸淫分不开。湖湘文化之形成，一方面受中原文化（正统的儒家文化）的影响，另一方面又吸取了野性自由、清奇瑰丽的楚文化之精华。因此，在湖湘文化中，既有兼济天下的儒家因子，又有不循规蹈矩、敢于打破现有框架的野性气质。他们“霸蛮”而不“愚鲁”，“灵泛”而不油滑。

从周敦颐创立理学到王船山提出的“实有之道”，再到毛泽东对“宇宙之真理”的探索，湖湘文化首先表现为一种以天下为己任的“原道精神”。在“原道”过程中，湖南人时刻表现出不信邪、不怕鬼的斗士精神，表现出开风气之先的志士精神。湖南人历来相信“空谈误国，实干兴邦”，他们普遍敏于行而讷于言。

厚重而鲜活的湖湘文化，滋养着湖南这片土地，滋养着优秀的湖湘儿女。

湖湘文化与我们所讨论的“湖湘语文”是一种怎样的关系呢？

没有“湖湘语文”也就没有“湖湘文化”。即使将“湖湘语文”中的“语文”理解为近代书院、现代学校制度下的“语文教育”，其历史也是极为悠远的。在湖湘语文教育发展的长河中，从朱熹、张栻、曾国藩到徐特立、杨树达、黎锦熙等等，一大批令我们景仰的先人，已经创造了一座又一座教学与学术的高峰。他们都是湖湘文化优秀的传播者与建设者。

我们标举“湖湘语文”，就是要总结和继承“湖湘语文”的悠久传统，就是要从湖湘文化中获得精神动力、思想启示与智力支撑，就是要大力弘扬语文教育实践与研究中的湖湘精神，造就一支扎硬寨、打硬仗的“语文湘军”，就是要彰显湖南语文教学中的务实与求变的精神。

湖湘语文教育的历史荣光

回眸和检索近现代中国语文教育史，无数发黄的书页里清晰地记载着湖南语文人的思想旅痕与历史荣光。

远者如湘人曾国藩，他的教子家书里存留着大量关于读书、作文的独到见地。如读书“非高声朗读则不能得其雄伟之概，非密咏恬吟则不能探其深远之韵”。曾氏对“虚心涵泳，切己体察”的读书法推崇备至；他强调读写结合，“使古人之声调拂拂然若与我喉舌相习，则下笔为诗时，必有句调凑赴腕下。”

及至近代语文独立设科之后，不论是语文教育研究还是语文教育实践，湖南都有值得大书特书的学者与学校。一代宗师徐特立在国文教育上的建树足以彪炳史册。早在 1914 年，他就提出国文科之教授要旨：“一知普通之言语，二知日常之文字文章，三养成表彰正确思想之能力，四启发其智德。”他认为，教材要选择三种材料，即“以教训为主者”，“以知识为主者”和“以趣味为主者”。在 20 世纪 30 年代的红色苏区，他具体组织编选教材，注重乡土教材的开发，强调作文与生活实际的结合，等等。徐氏是毛泽东的先生，是湖南语文教育的骄傲，也是了不起的教育家。

黎锦熙，另一位载入中国语文教育史的湖南人。1924 年，他出版的《新著国语教学法》是中国语文教育史上第一本语文教学法专著。1950 年，该著得以修订重版。在这部专著里，黎氏从“语文方面”（形式的）和“心意方面”（实质的）对“国语要旨”展开深入探讨，他提出国语教材要“合于本国的教育宗旨”和“适应儿童身心发展及生活需要的程序”。为了改革旧有教学的弊端，他特别提出了“自动主义的形式教段”，“教段”分为“理解”“练习”和“发展”三个阶段。这种探索，在中国语文教学中产生了深入的影响。

1938 年，蓝田国立师范学院（今湖南师范大学的前身）成立。遥想当年，这里汇聚了一大批语文名师。如杨树达先生在语言文字学研究方面，在中文教学方面都有着极高的造诣；曾在蓝田国立师范学院工作过的早期语文教育家阮真先生的《中学国文教学法》更是以调查为基础，充满了真知灼见；国学修养深厚的钱基博先生也提出了诸多关于国文教学的深刻见地。

新中国成立之后，湖南语文教育的学术研究创造了诸多“第一”。据湖南师大语文课程与教学论博士生导师周庆元先生回忆，已故的语文教学法教授张隆华先生堪称新时期语文教学论研究开山启林者之一。在“文革”结束、百废待兴的日子里，以张先生领头的湖南师范学院语文教学法教研室率先出版了新时期以来第一本《中学语文教学法》教材；进入20世纪90年代，他们又率先推出了第一本《中国语文教育史纲》。在相当长的一段时间内，湖南语文教育的学术界与实践界联系相当紧密，张隆华先生就曾与当时湖南省教科所语文教研员曾仲珊先生合作撰写过《中国古代语文教育史》。在张隆华先生的影响下，湖南师范大学语文课程与教学论在承传中发展和创新，建设了一支实力强劲、令学界注目的科研梯队。张先生故去之后，学术研究不仅薪火相传，而且发扬光大。进入新世纪，湖南师大成为国内最早拥有语文课程与教学论博士点的师范院校之一。可以这么说，湖南师大早已成为中国语文教育研究的南方重镇。

从中学语文教育实践看，湖南学校的语文教育也有着历史的荣光。创立于1912年的“湖南全省公立高等中学堂”（今长沙市一中）当为近代湖南语文教育的典范。至今，该校依然保存着毛泽东当年就读该校时写下的作文《商鞅徙木立信论》。二三十年代的省立一中，慎选良师，学生的学术研究活动极其活跃。诸如《一中学生》《长高学生》等校史资料清晰地记录着那些动荡与清贫岁月里的辉煌。

进入新时期之初，当时与人民教育出版社《语文》教材配套使用的《教学参考书》，有相当一部分就由湖南省教科所组织编写。省教科所也先后组织编写过一些具有“湖南风格”的语文教材与读本。改革开放30年来，湖南也涌现了相当一批在全国有地位的特级教师及其教改经验。总之，不管是从湖南这片土地上走出的语文学者还是名优教师、特级教师，我们从他们的学术成果与教学探索中，都能感觉到湖南人特有的执著精神、创造意识与务实品格。

湖湘语文的现实困局

培植“湖湘语文”，不是要创造一种新的“语文”。

“湖湘语文”本身蕴含着丰富的积淀，它从遥远的历史中绵延而来。只是，我们或许还不曾具有鲜明的“湖湘意识”，以至于“湖湘语文”成了掩埋于岁月尘埃里的“语文”。

我们所说的“培植”，意味着深入挖掘和悉心培养，意味着继往开来和努力复兴。

何以需要挖掘、培养、承传和复兴？一切都源自我们对湖南语文教育研究与实践现状的审视，源自一种“生于忧患”的湖湘精神。

不论是将“湖南语文教育”放到历史发展的纵坐标考察，还是放入与兄弟省域相比的横坐标上考察，我们不能不承认：“湖湘语文”在很大程度上已经陷入了现实困局。

从表层上，当前湖南鲜有富有全国性影响的语文名师。别说名师不及东北、京沪、江浙，就是与毗邻的湖北、四川、江西相比，似乎也缺乏应有的亮色。不知从何时开始，在搅动语文教育思想、标举语文教育主张方面，“湖湘语文”丢失了“敢为天下先”的湖湘精神。

“湖湘语文”何以变得这般沉寂？

湖南语文教研的最大问题就在于，我们的语文教育研究丢掉了实事求是的湖湘精神，我们没有真正把脚踩到中小学语文课堂里，没有立足于实践，在实践中去发现和总结。现在各类语文赛课，人们关注的根本不是如何站在语文课程与教学的学理平台上进行观察与剖析，而是汲汲于得奖的等级与名次。再者，评课者亦受制于自身的理论水平，他们未必能对教学实践作出科学的引导，同时，种种功利语境使得他们的评课未必能实事求是。特别是，在当下依然强大的应试压力下，语文学科的地位因为失去“捞分”功能而不断下降，学生背着书包到学校不是来“读书”而是来“搞分数”，这是非常严重的教育异化。

湖湘语文的合力培植

一个有良知的研究者应当承认：所有关于湖南语文教育的批评与忧患，无不缘自心中炽烈的责任感和使命感。

忧患不是我们的目的，我们的目的在于建设。

对湖南语文界来说，当务之急就是要高扬湖湘文化精神，以心忧天下的情怀、以实事求是的态度、以与时俱进的锐气、以兼收并蓄的胸怀，来合力培植属于我们自己的“湖湘语文”。

基于现实的“湖湘语文”，应当是一种怎样的“语文”？如何才能培植湖湘语文？

我们一是有必要对“湖湘语文”发展的来龙去脉作全面的梳理与总结，关注语文独立设科以来与湖南相关的语文大事件、大活动、大人物，知道我们的先贤想过什么、做过什么，从而增加对湖湘语文教育的文化自觉性和文化认同感；二是要有大视野，要以比较的视角，探寻湖湘文化与齐鲁文化、巴蜀文化、荆楚文化、江浙文化之间的异同，进而探寻地域文化影响下的语文思想有何异同；三是要有大力度，要整合学术机构、教研机构、媒体、学会的研究力量，实实在在地推动湖湘语文，促进湖湘名师的成长。

我们要在“湖湘语文”的感召下，建设一个强大的语文教研共同体，打造一支充满活力的“语文湘军”。一是要打造一套在全国有影响的湘版语文教材，充分开发和利用好湖湘文化的课程资源。湘版教材应当有意识地反映湖南人的文化性格，表现湖南的山水人文，彰显湖南的地域特色。二是要在湖南高考命题上下工夫，在“考什么”和“如何考”的问题上凸显湖湘人的智慧。三是要搭建公共平台，提供体制保障，加强学术界与一线语文教师的对话与互动，真正发挥语文教育理论的引领作用。

培植湖湘语文，要有一种责任感和使命感，要以一种“为天地立心，为生民请命，为往圣继绝学，为万世开太平”的精神来建设我们的湖湘语文；要有语文教育的危机感，不能丢掉语文教育的“语言因素”这一根本之根本；要有实事求是的精神，了解实际，发现问题，总结经验、有效引导。

我们深知，培植湖湘语文，远远不是一篇文章可以促成。文章只能是一种宣言，一种唤醒和感召。

我们需要的是，切实而有效的行动和作为。

滔滔湘水无数次聆听过湖湘子弟的激情誓言，岳麓书院也见证着湖湘文化的沧桑与辉煌。今天，我们依然在湖湘文化的大地上行走，依然在湖湘文化的天空下飞翔。我们生活在魏源、曾国藩、黄兴、蔡锷、毛泽东、刘少奇生活过的土地上，难道这仅仅只是文章里的一种自豪？

我们有什么理由不来培植我们的湖湘语文？有什么理由不让“湖湘语文”这面旗帜在中国语文教坛上猎猎飞扬？

小学语文教科书里的文章，恍如月下的玻璃碎片，泛着如泻的银光。那是一代人的共同记忆。这种记忆是如此亲切而深刻，甚至成了生命的一部分。

之所以对有些课文印象深，就在于这些文章或诗歌里有一种情的感染力和美的感染力，特别是这些文章的语言，蕴藉丰满，有推敲、比较、琢磨、诵读的价值。

多少尴尬在其中

——以人教版小学《语文》教科书五年级（下）为例

像我们这种“60后”，儿时的教科书多是从“毛主席万岁”“中国共产党万岁”“伟大的中华人民共和国万岁”开始的。倘若一遍遍在回忆里搜寻，我们还依稀记得教材里有《列宁和卫兵》《华政委的一顿晚餐》等一些领袖故事，记得《蚕和蚂蚁》《骆驼与羊》《皇帝的新装》等一些寓言与童话，记得“无为在歧路，儿女共沾巾”“两水夹明镜，双桥落彩虹”之类的诗句，甚至还记得那些打上时代烙印的儿歌：花喜鹊，叫喳喳，队长来到我们家，后面跟着个大姐姐，胸前戴朵大红花……

小学语文教科书里的文章，恍如月下的玻璃碎片，泛着如泻的银光。那是一代人的共同记忆。这种记忆是如此亲切而深刻，甚至成为生命的一部分。正如我那年且90而身体康健的父亲，虽只上过四年小学，他对小时候学过的课文居然还能诵读如流。

一代人有一代人的教科书。生活在当下的孩子，他们如此辛苦地奔波于家庭学校、奔波于各类课外班、特长班，他们日日读着的到底是怎样的教科书？

出于职业需要，我曾翻阅过一些版本的语文教科书，也偶尔研读过一些年代久远的教科书，但不曾从头到尾细细读完过一册书里的文字。这次，趁儿子报到回家，特别研读了他本期的新书，即由人民教育出版社出版的、供五年级下期使用的《语文》教材。

如果要从整体上说说阅读感受的话，我只能说，书中28篇课文与9篇选读课文，真正留在脑海中的只有那么几篇。若按印象深浅排名，现代文章有林海因的《冬阳·童年·骆驼队》、萧红的《祖父的园子》、季羡林的《自己的花是让别人看的》，还有一篇《金色的鱼钩》，而古典诗文则依次是《杨氏之子》《清平乐·村居》。之所以印象深，就在于这些文章或诗歌里有一种情的感染力和美的感染力，特别是这些文章的语言，蕴藉丰满，有推敲、比较、琢磨、诵读的价值。在我看来，除此之外的绝大多数课文，都是非常一般的文本，甚至有的课文平淡如水，文字也比较粗糙。

我的印象不能代表他人。不过，儿子发下新书之后，也在两天之内读完了全册教科书。当问及他对哪些课文感兴趣时，他印象最深的是三篇，即《杨氏之子》《金色的鱼钩》和《桥》。原因就是，第一篇见出“杨氏之子”的机敏，第二、第三篇都特别感人。

笔者认为，评价一本教科书，首先是阅读后的“第一感觉”，但肯定又不能停留于此。倘要援引人们习用的教科书评价框架，对这本教科书进行专业的、理性的考量与批判，那么，进一步的分析可从三个层面展开。一是教科书的选文，二是教科书的助读系统，三是教科书的训练系统。

先说“选文”。当下的教科书，绝大多数都是这种“文选型教科书”。这种教科书的形成过程，首先强调一个“选”字。与“选”相关的要素有三：一是谁来“选”？二是“选”什么？三是如何“选”？

谁来选？要回答的是，在国家教科书形成的过程中，谁有资格成为教材篇目的选择者、确定者？进一步的问题还有：这种资格到底该由谁赋予？事实上由谁赋予？这种赋予的合理性究竟有多大？具体到这一册教科书，他们是由教材主编、副主编及编写人员 19 人组成的团队。这支团队主要包括出版社部分小学语文编辑、一些在高校从事语文课程与教学论研究的教师与学者、一些来自各省市的小学语文教研员、教师进修学校教师及若干小学语文教师。

这些人依靠什么方式、凭借什么资质而进入这支团队，或者说组成这样一支团队究竟有没有明确的准入标准、是否建立了教材编选者的准入机制，我们不得而知。编辑团队编写教材的“权力”是凭借体制的自动生成，还是诉诸民意？人们同样不得而知。人们唯一确知的便是：这样一支队伍，选择了这样一些课文，编出了这样的教科书，通过了国家教材审查委员会的审查，因而，无可置疑地、顺理成章地摆上了数以万计的孩子的课桌，塞进了他们的书包，走进了数不胜数的语文课堂。在“谁来选”的问题上，成千上万的教师丝毫没有话语权，更不用说学生了。等人们看到教科书的时候，“选”的过程早已木已成舟。

什么人编出什么样的教材，由谁来选的问题至关重要，大多数人却失去了对这个问题的思考权。只好姑且不论其合理性与正当性如何，一旦选教材的班子与团队搭建起来，“选什么”便成为教材编写的基础问题与核心问题。直接影响甚至制约着“选什么”的最大因素无非是确立相应的选择标准，即到底怎样的文本才有资格进入这样一册教科书？此所谓教科书的“知识准入问题”。选文标准的确立，远非“文质兼美”四字可以穷尽。对“选文”发出诉求的影响因子实在太多太多，并且谁都是十足的理由。比如，现在的孩子，要不要深深理解国家的大政方针？要不要接受传统文化的熏陶？要不要走近经典名著？要不要养成良好的品德和高尚的审美习惯？要不要树立起现代文明观念？等等。只要你承认这些是必需，那么，围绕这些命题去选择“文本”似乎都是无可厚非的。这样一来，政治的、历史的、地理的、文化的、文学的，展示美好风光的，表现卓越口才的，书写英雄故事的，这些“教育主题”都需要有相关的课文来体现。于是，语文教材选文的视野在理论上无所不包，泛化得没有边界可言。无论选择怎样的文章作教材，我们总不愁找不到“入选理由”。但，具体哪篇文章进教材，谁的理由又都没有绝对性，只可能是“相对”的。这正是文选型教材的致命问题。

影响编辑选文的，远远不只是“语言文字是否精粹、是否经典、是否具有示范性”之类的标准，太多“非语文”的因素总会将编选者的视线引向别处。

选择一篇文章与删掉一篇文章，编辑者似乎也找不到绝对的理由。媒体一度讨论的《狼牙山五壮士》到底该不该从教材里删除？金庸的小说到底该不该进高中教材？所有问题都昭示一点，语文选文标准的确立是个牵一发而动全身的大问题。一本语文教材好不好读，有没有意思，在很大程度上，就在于选文的标准与取向。不是吗？曾几何时，我们以“政治第一”的标准选择课文，《陌上桑》这样的经典诗歌竟成为封建与落后的代名词！

最后的问题是“如何选”，即由某编辑选文过程中的一个念头、一个想法或一次偶然发现到变成教材里正式一篇课文，这个过程是怎样展开的。不难想象，且不说一支编辑团队里各人选择文本的眼界高低、审美趣味、鉴赏水平各不相同，就是“选文标准”也难以转化为编选时的“操作要则”。至于哪篇文章适宜作教材，适宜作某个单元的教材，恐怕也不可能都讨论得那么细致。即使讨论得细致，也不一定能达成共识。因此，最终编辑选出的或淘汰的课文，或多或少都带有一种偶然性，甚至是各方力量折中或平衡的结果。

具体到我们讨论的第五册教科书，笔者以为，像第一组课文《草原》《丝绸之路》《白杨》《把铁路修到拉萨去》，固然扣了“西部大开发”这一宏大主题，但几篇文章中除《草原》一文稍好以外，其他文章的感染力和可读性都非常一般，特别是像选自《世界五千年》一书的《丝绸之路》，情境与人物对话，都很生硬，一看就是“编写”出来的，没有多少文脉，也缺乏情感力量。将这篇文字编到《历史》教科书中，似乎更为适合。《白杨》这样的文字，主题之积极固不必说，但是文章以物写人的手法显得相当做作，而尤以文章最后一句为代表：“那是因为他看见火车前进方向的右面，在一棵高大的白杨树身边，几棵小树正迎着风沙成长起来。”这样的句子，明显是“做出来”的文章，甚至“做”得有悖于生活常识：说看到小树可能，怎么可能看到“小树正迎风成长起来”?《把铁路修到拉萨去》同样写得没有多少意思，给人感觉似乎是一篇为歌颂西部建设者而作的应景文字，豪言壮语不少，没有多少真情实感在其中。

从教材助读系统的文字看，理想的助读文字应当是亲切的、贴近学生心灵的、启发学生思维的，同时，尽可能要是优美的。然而，从这册教科书里，不少提示语本身都是平淡、平庸、生硬而无趣的。

高原，雪山，草原，戈壁……

西部，祖国版图上神奇的土地！西部，世界历史上沟通东西方文明的桥梁！如今，西部大开发的号角已经吹响，在建设者辛勤汗水的浇灌下，西部又焕发出勃勃生机！让我们随着课文的学习，走进西部，去亲近这片充满希望的土地。

阅读本组课文，要把握主要内容，还要联系上下文，体会优美的语言和含义深刻的句子，想想这样写有什么好处。如果有不懂的问题，提出来和老师、同学讨论。

这段话读起来一点都不亲切，甚至还有点别扭。

“让我们随着课文的学习”这是什么表达？不如就说“让我们走进课文，走进西部”；“亲近这片充满希望的土地”，因西部并未在眼前，“这片”宜改为“那片”；考虑语气的连贯，“亲近这片充满希望的土地”宜改成“走进那片充满希望的土地”与前面构成排比。

后一段中“体会优美的语言和含义深刻的句子”一句，也经不起追问：优美的语言是什么语言？“含义深刻的句子”是不是“语言”？至于那些目标性提示语，与以下各单元大同小异，都是板着面孔的要求，我想，孩子们并不会理会它们的存在。

类似于这样的地方，教材里随处可见。

此外，是每课之后的那些练习设计。每课的练习程序大致相同，无非是有感情地朗读课文，理解含义深刻的句子，积累和抄写词语与句子。每课大抵如此，带着很重的程式痕迹。程式化的练习实在不可能吸引孩子的注意力。

读过这一册教科书之后，总体感觉是这种教科书缺乏文学的兴味，缺乏情感的力量；所选的经典太少，大量二三流的应景作品充斥其中。

语文教科书的篇章，于校园晨风里、于静谧灯光下陪伴着无数孩子与青年。关于教科书选文内容的记忆，很多时候将成为一代人的共同记忆。语文教科书凭借着无可辩驳的正当性与合理性，全面而深刻地建构着我们的语言、思想、精神和人格。

选文何其重

20世纪初语文学科独立之后，“文选式教科书”大行其道。不论是国语时代，还是国文时代，抑或是1949年以后的语文时代，语文教科书最主要的形式一直是文选式。新中国成立60年来，“文选式”这种主流教材形态不曾有过突破。

每一个问题都是一片探索的空间。在文选式语文教科书里，究竟该如何认识“选文”的价值与意义？

承载着无可替代的“教育之重”

在“文以载道”的观念主导下，作为学校教育体制规定下、面向年轻一代的“必读文本”，语文教科书必然要承载形形色色的教育主题。无论选择哪一种与教育主题相契合的选文，我们都能轻而易举地找得到种种合理性辩护。举凡政治、经济、文化、道德、伦理，凡是指向真善美的价值体系、指向个体人格完善与生命超越、指向国家民族之大任的优秀文本，都可能获得一张进入语文教科书的“准入证”。

纵览新中国成立后人民教育出版社1956年版、1963年版、1978年版、1992年版的初中语文教科书篇目，我们发现，来自古今中外的种种选文，都直接或间接地对应或指向着某一类社会、历史、人生教育的不同主题。从《冯婉贞》《老山界》《红军鞋》《草地晚餐》《七根火柴》《梅岭三章》《小英雄雨来》《荷花淀》《挺进报》《同志的信任》《记一辆纺车》《小橘灯》《最后一次讲演》《大渡河畔英雄多》等一系列选文里，我们清楚地看到有一条"革命与斗争"的红线贯穿其中；从《三千里江山》《谁是最可爱的人》《分马》《小二黑结婚》《老杨同志》《梁生宝买稻种》《普通劳动者》《夜走灵官峡》等选文中，我们又清晰地听到新中国成立以来的"建设"强音；从《井冈翠竹》《松树的风格》《母亲的回忆》《纪念白求恩》《回延安》《青纱帐与甘蔗林》《西里西亚的纺织工人》《荔枝蜜》《雪浪花》等选文里，我们能感受到一种革命的气节、风范、豪情与斗志。总之，在一套教科书里，由一百多篇选文所构成的文本系统从整体上表达了爱国主义、集体主义、社会主义和共产主义教育的强烈诉求，它们集中表达了对新中国青少年道德感、伦理感、历史使命感和社会责任感的深切期待；从《中国石拱桥》《苏州园林》《故宫博物院》《口技》等选文中，我们似乎又看到了民族文化魅力的召引；从《大自然的语言》《看云识天气》《宇宙里有些什么》《奇特的激光》《石油的用途》《花儿为什么这样红》等选文中，我们又似乎听到了科普教育的声声呼唤；从那么多古典诗文里，我们看到经典文本之于教育的不可或缺；从寓言、童话、小说、神话、传记等文本里，我们又意识到道德品质教育与行为习惯教育的鲜明导向。从某种意义上说，语文教科书的文本序列构成，其实是教育主题的序列构成。

因应着时代的发展要求

翻开 20 世纪 20 年代的国文教科书，我们看到：由于当时正值“五四”新文化运动之后，语文教科书的大量选文从不同侧面深刻地反映着近现代思想文化的启蒙主题，反映着新的文化精神与生活观念，反映着由白话取代文言之后的历史过渡。一套与 1923 年新学制相配套的国文教科书显示，蔡元培的《劳工神圣》《文明与奢侈》《理想与迷信》《文化运动不要忘了美育》《社会不朽论》等，胡适的《新生活》《威权》等，梁启超的《举国皆我敌》《志未酬》《最苦与最乐》《欧游心影录》等，都是当时极富时代意义的启蒙性文本，而鲁迅的《故乡》、叶绍钧的《伊和他》、冰心的《笑》，周作人的译作《燕子与蝴蝶》《卖火柴的女儿》等都是显示当时新文学实绩的作品。整套教科书除倾心于传统的经典文本之外，还致力于拓展域外视窗。从后者看，教科书里既出现了屠格涅夫、都德、安徒生、王尔德等外国作家的作品，又出现了诸如林肯、富兰克林等领袖人物的成长故事与传记。

应当看到，每个时代的教育都在特定的背景和语境下展开，这就注定了语文教科书选文与时俱进的品质。如随着全球性环境与能源问题的凸显，中小学语文教科书里便有了《什么是生态系统》《大自然警钟长鸣》《人类只有一个地球》等选文。

肩负着经典文化的传承使命

除了失却文化理性的时代之外，不同时代的语文教科书都不约而同地表达出对于经典文本的厚爱与尊崇。随便从哪一套语文教科书里，我们能轻而易举地拈出不同时代有代表性的经典文本，若将这些文本勾连起来，将隐约显示中国文学发展的历史概略与思想版图。如经典选文分别来自《诗经》《论语》《孟子》《庄子》《战国策》《史记》，来自新旧乐府诗，来自陶渊明、李白、杜甫、白居易，来自韩愈、柳宗元，来自《红楼梦》《三国演义》《水浒传》《西游记》，来自清末民初的启蒙思想家，来自鲁迅、郭沫若、老舍等一大批群星闪烁的现代文学大师。

因为经典的存在，语文教科书选文表现出相当大的历史传承性。从一套1920年代刊行的国文教科书中，我们看到，有相当多的教材篇目至今仍然是语文教材里的选文。如《伐檀》《国殇》《鱼我所欲也》《庄子·逍遥游》《荆轲刺秦》《鸿门宴》《报任安书》《桃花源记》《梦游天姥吟留别》《茅屋为秋风所破歌》《卖炭翁》《小石潭记》《大铁椎传》《送东阳马生序》《核舟记》《五人墓碑记》《登泰山记》《狱中杂记》《左忠毅公逸事》《陈情表》以及《最后一课》《故乡》，等等。

丰富和建构着一代人的语言库存与精神家园

语文教科书的篇章，于校园晨风里、于静谧灯光下陪伴着无数孩子与青年。关于教科书选文内容的记忆，很多时候将成为一代人的共同记忆。语文教科书凭借着无可辩驳的正当性与合理性，全面而深刻地建构着我们的语言、思想、精神和人格。

从整体情况看，学生最初的书面语言库存，很大程度上来自语文教科书的选文。稍有语文素养的人或许会有这样的体验：即令离开中小学已经多年，当年语文教科书里那些朗朗上口的古典诗词，那些脍炙人口的名篇佳句，会像一些潜游于脑海里的鱼群，某一阵风过，它们会灵光乍现，或汩汩汩地冒出水泡，或拨剌一声飞出水面。不是吗？置身于郊野田园之中，或许我们会忽然记起“采菊东篱下，悠然见南山”，记起“绿树村边合，青山郭外斜”，记起“茅檐低小，溪上青青草”；月光很好的晚上，或许我们会想起“但愿人长久，千里共婵娟”，想起“今人不见古时月，今月曾经照古人”，想起荷塘里的月色如钢琴上“奏着的名曲”。那些曾经记诵过的诗文，总会在某个不经意的瞬间闪过脑际。在阅读的世界里，一旦看到教科书里那些作者的其他作品，竟会有一种他乡遇故知的亲切与激情。

教科书在给我们最初的语言库存的同时，也为我们的阅读勾勒了一幅简略的地图，建构着我们的精神家园。因此，关于语文教科书的记忆远远不只是片言只语式的佳句再现。按照语言即思想的观点，很多时候，语文教科书在潜移默化中建构着我们的价值观、人生观与世界观，改造和塑造着我们的思维方式、情感方式与话语方式，它全方位地影响着我们的精神存在方式。

因为教科书里的那些选文，我们会自觉或不自觉地形成自己的审美趣味——对文本、对生活、对自然的审美趣味。比如读过太多的“杨朔式散文”之后，读过太多的“道德式寓言”之后，读过太多的“革命历史文本”之后，我们心里或许会不自觉地形成某种文章图式，甚至产生某种审美惯性；读过鲁迅的杂文之后，学养深厚的梁实秋先生的形象很可能被定格为“丧家的资本家的乏走狗”，至于林语堂先生的小品文、沈从文先生的小说很可能进入不了欣赏的视野。因为教科书的型塑，我们拥有一套或许并不自觉的思维定势、话语套子及审美模式。

当我们带着“莫让孩子成为套中人”的主题策划走进中小学一线教师中时，他们表现出来的思想共鸣和忧患意识令人感佩。谁都想做“诗意的天使”，谁也不想做“应试的魔鬼”。从老师们的讨论中，我们记下的远不只是问题追问，而是一种对理想的追寻、对现实的超越和对教育的信仰。

莫让孩子成为“套中人”

这里所说的“套中人”，不是契诃夫笔下那个挟着黑色雨伞、永远把自己裹在长袍里的别里科夫。

何为“套”？思维、情感和话语中的种种程式、套路、模式与惯性也。这些“套子”，非常深刻地影响着孩子的思维特点、情感状态和话语方式，甚至塑造着他们的精神与气质。然而，种种“套子”都以一种天经地义的方式存在着。太多太多的时候，我们身陷“套中”而浑然不觉。人们无心追问“套子何来”，更不会以所谓“套中人”的骇俗之论叩问当下的中国语文课堂。

知我者，谓我心忧；不知我者，谓我何求？只要以理性与良知来检讨当下的中小学语文教学，我们不得不承认：莫让孩子成为“套中人”决非危言耸听，它是一声基于“深层忧患”的真诚呼吁。

“套子”何其多

意识到中小学语文教育存在着“套子”之弊，缘于一篇五年级孩子的习作。

学完题为《白杨》的课文后，孩子按照“以物喻人”的思路框架，作了一篇《粉笔赞》。我们发现，孩子的文字明显表现出与他年龄的不相称，大多是众口一词的“普通话”。正如你所料，在孩子笔下，“粉笔”即教师，即一切奉献精神。

我们不能简单地抱怨孩子作文对于“童真”的远离。在那些稚嫩的文字里，你分明可以看到人们习用已久的“托物寄意”的写作套路。中小学语文教科书里从来不乏此种“套子”，以“杨朔散文”为代表的模式化构思，堪为典型。这种思路套子所显示的思维方式，在本质上是单一的，可以描述为点对点的线性关联，即挖出 A 事物所蕴含的“精神”以表达 B 主题，以实现“言在此而意在彼”。

“套子式”的思维方式非但存在于孩子的作文之中，它们还相当顽固、相当普遍地存在于语文教学的过程里。

从教学中，不难发现：学生读任何一篇作品，深受“文以载道”的思想制约，总是急不可待地要从作品里读出政治，读出时代，读出社会问题。这种解读的思维方式最典型的描述即为：“文章通过什么，揭露了什么，批判了什么，赞美了什么。”很多时候，这种定势使得学生对于意识形态话语有着相当的敏感。比如，不管在什么时候提及台湾，孩子想到的不是日月潭，不是阿里山的姑娘，而一定是“祖国统一大业”。这当然很正确。问题是，这种“条件反射”是不是也在一定程度上弱化了孩子的多向思维？对于语文教师来说，很多时候也是被“套”而不自觉。

再如，托物寄意，无疑是中国文学的悠久传统。我们姑且不对如《白杨》之类的课文之文学价值作出判断，亦承认其在特定背景下所凸显的思想价值。但是，若与《爱莲说》这类经典文本相比照，我们会发现，这类作品中强烈的现实功利性多少消减了文本的含蓄、丰富与多元，那种简单对应的思路与物我冥合的审美理想相距甚远。在中小学语文教科书里，类似于这种托物寄意或以物喻人、奉行着由“物”及“理”思路的文本相当普遍。

从教师的教学来看，语文课盛行着各种普适性的“分析框架”，如由情节、人物、环境所构成的“小说三要素”，如由“提出问题—分析问题—解决问题”构成的议论文三段论，如由“说明对象—说明顺序—说明方法”构成的说明文三要义，等等。

从学生的学习过程来看，一方面，教科书选文里的种种思维模式很容易让孩子们依样画葫芦，甚至内化为一成不变的读写思维模式。另一方面，教师习用的种种文本分析框架，往往会在无形中框定学生的思维与个性。

“套子”从何而来

中小学语文教学的“三维目标”构成语文素养的大厦，“情感态度和价值观”主要应由广博的文化浸染来实现，“知识和能力”“过程和方法”主要应由课程、教师、学生所构成的和谐生态环境和丰富多彩的语文教学活动来维系。但是，我们评价教师、评价学生的核心指标——考试成绩，先就成为一个大“套子”，在这个“套子”中，老师的创造性教学行为，学生学习语文的兴趣、信心和灵性，都在很大程度上消失了。

现在我们小学和初中的语文期中期末考什么？试卷结构一般是语言基础、文段阅读和作文三大块，前面两大块基本上是考教材，而且是教材上的“基本（重点）篇目”，有些题目机械死板，有的则是弯弯绕、捉迷藏。作为语文能力基本构成部分的“听”与“说”考不到，“书写”基本不作评价，阅卷评价基本上只能管对不对，不管好不好。有所谓“命题背靠背，阅卷流水线，答案教材（教参）见”的调侃。这种考试，出来的成绩常常是哈哈镜，很难真实反映出学生的语文素养。但是，你的评价核心指标是成绩，师生就都奔这个成绩。你考什么，教师就教什么，学生就学什么，教材上基本篇目里的文章被揉碎、嚼烂，喂给学生。学生只管上课抄笔记，下课背笔记，哪管考后都忘记！至于什么“综合素养”，什么“终身发展”，统统管不着了。这样评价的结果必然是教和学都折进狭窄的“套子”中。

现在不少语文试题为了求得所谓的客观与公正，执意要设置一些僵死的“套子”，让学生往里面钻。这种“套子”的危害非常严重而深远，极而言之，它带来了整个社会的思想僵化。表面上，有了可操作性的“套子”，评价者轻而易举得到了“结论”。问题是，学生的思维被压抑了。要让学生走出“套子”，意味着教育评价的根本思路要发生转换，即由重结论走向重过程，由重定势走向重原创。只有思路转变了，整个社会的创造力、原创力才有望提高。

我们还看到，知识至上，崇尚唯一与确定的思想就这样悄然侵袭着孩子们幼小的心灵。语文教学长期追求的知识的严密性，内容的教育性，使得课堂教学基本表现为接受式的线形学习，留给学生思维的空间十分有限。长此以往，你还能奢望孩子们的思维多元吗？

何以冲出“套子”

当我们带着“莫让孩子成为套中人”的主题策划走进中小学一线教师中时，他们表现出来的思想共鸣和忧患意识令人感佩。谁都想做“诗意的天使”，谁也不想做“应试的魔鬼”。从老师们的讨论中，我们记下的远不只是问题追问，而是一种对理想的追寻、对现实的超越和对教育的信仰。

首先，苍白的教师永远不可能培养出深刻的学生。

欲让学生的思维不单一，教师自身的思维一定是多元的。在具体的教学过程中，思维多元的教师一定具有很强的民主意识，他决无“思维霸权”与“话语霸权”，他一定要千方百计地给学生提供机会，让他们自由地发表意见与主张。思维多元的教师一定是富有批判意识的教师。他不唯书本，不唯分数，他的思维永远是开放的、多向的，永远呈放射状辐射。为此，他特别注重尊重学情，尊重学生的课堂质疑。

知识背景的单一必然带来思维的单一。只有教师自身的阅读走向了多元，他们的阅读指导才不会流于单调，才可能呈现多元格局。多元阅读必然带来多元思维。因此，语文教师的第一要务是通过读书以“养气”，“养吾浩然之气”，让自己多一份丰富与厚重。当下的语文教师，能不能不被资料淹没，不被教参挤压，能不能始终保持自己独立的判断力与鉴赏力，能不能拥有一双发现的眼睛，这比什么都重要。

其次，理想的课堂应当开窗放入大江来。

教师的引导不能死守定论，不能先入为主。以教《落花生》为例。课文说，做人要像落花生，而不要像枝头的石榴与苹果。这种价值观固然有其道理，但也不能定于一尊。教学中，有学生认为，做石榴、做苹果，不让别人被埋没，不但没什么不好，反而还很有必要。教师应当肯定学生的求异思维，不能以既有的结论去斫削孩子的思维与情感。

语文课堂不可能没有预设与设计，但不能让这种设计本身成为一个“套子”。在教师质疑或学生讨论的过程中，一定要给学生留出静静思索的时间与空间。试想想，如果孩子老是不假思索地“冲口而出”，他们的思维会是多元的吗？我以为，少一点浮躁，多一些静思，是让学生思维走向多元的必由之路。

无论在怎样的历史时期，以革命历史文本为代表的“红色经典”从来都是青少年精神家园的奠基石。然而，随着时空的阻隔，生活在今天的孩子或许对革命历史文本所描述的生活多少有些陌生和隔膜。

到底如何深刻认识“红色经典”的意义？如何解决革命历史文本教学中出现的问题？怎样寻求加强与改进革命历史文本教学的课堂策略？

革命历史文本：如何叩响当代少年的心

在小学语文教科书里，以革命历史为题材的课文是一类有着深远意义与独特价值的文本。我们将这类文本称之为革命历史文本。

忘记历史，意味着背叛。无论在怎样的历史时期，以革命历史文本为代表的“红色经典”从来都是青少年精神家园的奠基石。然而，随着时空的阻隔，生活在今天的孩子或许对革命历史文本所描述的生活多少有些陌生和隔膜。

到底如何深刻认识“红色经典”的意义？如何解决革命历史文本教学中出现的问题？怎样寻求加强与改进革命历史文本教学的课堂策略？

无可替代亦不可或缺

建国初期，革命历史文本在中小学语文教科书里占有相当大的比例。然而，其教学取向更多地归属于政治教育主题。此后，几十年间，一些经典的革命历史文本始终是中小学语文课本中的“必选篇目”。自20世纪90年代后，语文教材编写出现了从政治泛化的误区走向生命高扬与人文觉醒的整体趋势。教材对革命历史文本的选文出现了一些变化。

不少研讨者都提到一个问题，即革命历史文本的数量在减少。以现行人教版小学语文教材为例，在12本教材中，包括选读课文，共有课文426篇，其中，革命历史课文仅23篇，占5%。如原第六册教材中有8篇：《八角楼上》《在艰苦的岁月里》《一件棉衣》《小交通员》《视死如归》《一个降落伞包》《手术台就是阵地》《二虎子》，现在只留下1篇《手术台就是阵地》。从前人教版小学语文教科书所选的革命历史题材课文，属于土地革命战争背景下的有《飞夺泸定桥》《草地夜行》等，抗日战争背景下的课文有《鸡毛信》等，解放战争背景下的课文有《董存瑞舍身炸碉堡》《狱中联欢》等，还有抗美援朝战争背景下的课文《我的战友邱少云》等。应当说，革命历史文本中那些可歌可泣的事、感天动地的情，无不凝聚、沉淀为我们的民族精神，已成为中华民族不可或缺的宝贵的精神财富。这样的精神财富历久弥新，永远不会过时。伟大的长征精神，留给我们的是一种集体利益高于一切的信念，是一种艰苦奋斗、坚忍不拔的精神，是一种自强不息、不怕牺牲、勇往直前的勇气，这与井冈山精神、延安精神，乃至今天提倡的“航天精神”都是一致的。生活在当今时代的人们，仍然需要从这些精神财富中汲取力量，推动中华民族的不断前进和发展。

少年儿童崇尚英雄，英雄形象往往会影响少年儿童一生的成长。“红色经典”作品曾在少年儿童成长中起到鼓舞和引导的作用。从这个意义上说，我们加强红色经典作品在语文教学中的分量，弘扬英雄主义精神确实是培育少年儿童健康成长的当务之急。

到底如何看待新的教科书对于革命历史文本的删减？我们既要充分认识到这类文本的教育价值，又不能简单地回到从前。篇目的减少，并不等于这类文本的地位降低。我们在不忘过去的同时，更应当珍惜当下，这也不是简单的忆苦思甜的问题。

重视革命历史文本的教学，是世界各国母语教学的共同议题。像美国的语文教材，它们就是以时代组元的，一年级教材选择的多是当代最好的演讲词，意在让孩子们了解时代英雄；而日本的母语教材更是从小就注重培育孩子的武士道精神。这些信息都表明：无论如何，我们有理由让那些承载着民族精神的革命历史文本代代相传，让孩子们铭记历史，铭记英雄，铭记伟人。

在成人看来，孩子们的当下生活与革命历史文本所呈现的“生活”有着太大的距离，孩子们不喜欢这类文本似乎可以找到强大的客观原因。今天孩子对革命历史文本的真实态度如何呢？

有教师进行了一次小型问卷调查。在班上 64 个孩子中间，答“超喜欢”革命历史文本的有 8 个，占 12.5%；答“喜欢”的有 37 个，占 58%；答“比较喜欢”的有 10 人，占 15.6%；答“不喜欢的”的有 11 人（其中 2 名男生和 9 女名女生），占 17%。从整体看，喜欢革命历史文本的学生还是居多的，达到了 70%。特别是像《狼牙山五壮士》《金色的鱼钩》《小英雄雨来》等经典篇目，尤其受到了孩子们的由衷喜爱，因为它们不仅人格美、思想美，而且还有文字美。

二、问题与归因

在当下的小学语文课堂里，革命历史文本的教学现状如何？究竟存在着怎样的问题，导致这些问题的原因何在？

总的来说，革命历史文本的教学，存在着无视语言文字的“品德课”“历史课”倾向，英难人物存在神化现象，学生对文本的理解存在着陌生化问题。这些问题的出现，有着多方面的原因。

一是时代语境的隔膜，学生对革命历史文本感到陌生。很多我们成人看起来很日常化的东西，今天的孩子们却难以理解。比如说：《吃水不忘挖井人》，孩子不理解为什么是吃水？为什么要挖井？井又是什么东西？因为革命历史文本的时空跨度大，孩子们没有生活体验，没有理解的背景，很多时候教师的讲解显得很苍白，甚至感觉找不到和学生进行沟通交流的切入点，课堂教学草草收场。

二是文本写作与教材编排的原因。革命历史题材的课文一般是通过特定战争环境下特定事件的记叙来塑造人物、刻画人物的。整体上说，这些文本在塑造人物、刻画人物的方式与手段上也带有鲜明的时代烙印。或许出于因应时势政治的需要，作者在刻画人物形象时，往往对人物进行高、大、全的艺术提升。所谓高、大、全，意即文章里的人物形象是非常高大的、完美的，没有瑕疵的。有些人物，甚至被作者刻画到了“神”的高度。如《军神》中的军神、《灯光》中郝副营长、《丰碑》中的军需处长，等等。学生在学习这些文章时，有时会产生一些困惑：军需处长自己是管理棉衣的，多一件棉衣，少一件棉衣，于整个部队来说，其实并无大碍，他干吗非得牺牲自己呢？郝副营长点燃手中的一本书，便真的能照亮整个部队前进的道路么？一个时代有一个时代的价值观，一个时代有一个时代的英雄观。在这个崇尚个性的时代，如何还原人物的真实与普通，这是革命历史文本书写与创作中不可忽视的一个问题。

不少老师发现，较之革命历史文本，学生更多地喜欢《水浒传》

《三国演义》。论年代，“水浒”“三国”更为遥远，为何学生喜欢？就在于里面的英雄好汉都是有血有肉、有缺陷的“人”。所以，我们不要神化英雄，要把革命历史人物还原成有血有肉的“人”，这是拉近学生与文本的关键。

在革命历史文本的编排上，现行教材无法让孩子们理出一条完整的革命历史之时间链。若设置专门的革命历史文本单元，可按照历史的进程安排文本的顺序。

三是语文教师的原因。今天活跃在语文讲台上的青年教师多是一些“70后”“80后”的年轻人。别说孩子，就是这些年轻人，他们心中是否有着与他们父辈们一样的革命激情？这是一个问题。教师自身的价值取向很大程度上能够影响小学生的价值形成。教师的心灵与文本互动，才会让孩子们的心灵与文本沟通。若教师自我置身事外，那就不可能实现文与心的融合。在革命历史文本的教学问题上，语文教师应当站在责任的高度来重塑课堂。

四是教学理念的原因。革命传统题材课文，一般都具有很强的思想教育性。教学这一类课文，容易重视强烈的思想感情而忽视对语言文字的理解与运用，往往将革命传统题材的课文，上成思想品德课。二是曲意解读文本。新课程实施以来，教学理念、教学方式有了很大的转变，尊重学生个性体验，注重学生自主感悟被提高到了前所未有的高度，革命传统题材课文也无法避免这种潮流的冲击。刻意地讲究多元解读、过度地追求个性感悟以求课堂教学的“出新”“出彩”，已使我们的语文课堂教学从一个极端走向另一极端。

不少老师在教革命历史文本时，远离文本主旨，习惯于纠缠于故事情节的发生发展，把理解内容作为课堂的唯一目标；若遇到知识性很强的课文，又把它上成一堂历史知识课；在解读历史文本时，甚至违背了基本的历史语境，出现了文本误读现象。总之，革命历史文本的语文课，存在着人文、工具两张皮的现象，没有了“语文味”。

三、如何叩响当代少年的心

一是要从语文课的本体出发，寻求文本解读的圆融与辐射。革命历史文本的教学，既要引导孩子作出正确的价值判断，又要凸显言语实践，体认语言和德性的同构性，强调自主习得。革命历史文本的教学始终姓“语”。我们既不能将它教成政治课，也不能教成历史课。要品味语言文字，咀嚼出“语文味”。既发展语言、发展思维，又受到情感的熏陶、价值观的浸染，达到德性与语感共同培养之目的。

革命历史文本教学有诸多策略与方法。如补充相关的历史知识，为学生搭建一座桥，缩短时空距离；在研读写作方法中了解历史背景，感受人物形象；抓题眼，巧对比，体会人物精神；品味词句，设计引读，体会情感，等等。如《狼牙山五壮士》这篇课文就可以抓住题目中的壮士与战士的对比，使学生理解到“壮士”就是写五位战士的勇敢，进而从五壮士志壮、胆壮、言壮、行壮和气壮几个方面，抓住人物的动作、神态和语言，让学生理解壮士的英雄气概。

二是要想方设法以去陌生化的策略，走入文本情境。所谓“去陌生化”，除了历史背景的“去陌生化”之外，更重要的是，要在课堂上着眼于语词、句子、段落的“去陌生化”。如《王二小》中的“埋伏圈”，《为人民服务》中的“八路军”“新四军”，《十六年前的回忆》中的“宪兵”，《我的战友邱少云》中的“319 高地”等等，这些词语对于学生来说，都十分陌生，教师必须运用各种手段帮助学生理解这些词语。在理解词语的过程中，让学生感受到时代的变迁。

三是要寻求言意转化和言语训练的结合点。要依据年段目标和教材特点，确定言意结合点。比如教授一年级《王二小》一文，可抓出“英雄”这个词语进行教学，让孩子们思索从课文中的哪些句子可以看出他是英雄，为什么说他是英雄，并让孩子们数数他们所知道的其他英雄的名字。这样，既关注了低段字词句的教学，又激发了学生对小英雄王二小的敬佩之情。

四是要回到文本自身，切合文本语境。对于革命历史文本，要紧扣“革命”与“历史”这两个关键语词，丰富资源，缩短文与心的距离；要善于回到文本自身，联系上下文语境，唤起学生的体验。只有从心灵出发才能抵达心灵，要鼓励学生质疑，找准切入点，让文本去温暖、去打动孩子的心。

语文“寻根”的种种吁求，都是出于对当下母语教学出现异化的理论抗拒与实践救赎。

对于语文教学来说，“根基”即“家园”。“寻根”就是迷途者对于精神家园的寻找。

如何把握汉字这条“根”

根，一个深入大地怀抱，与蓬勃生命和绿色生态紧紧相联的意象。

根者，本也。根深叶茂，追根溯源，寻根问祖，几乎所有与“根”相关的探寻和叩问都可能将我们的思维由喧嚣、绚丽引向沉默、单纯。

我们选择“根”作为描述当下母语教学至为宏观、至为关键的一个“隐喻”。

在经济全球化、一体化的强大语境下，我们究竟该确立怎样的思想路标，如何彰显民族化与本土化的文化底色？经历过艰难探索而依然问题重重的中国语文教育是不是需要重提“寻根意识”？是不是要以这种“寻根”的方式来“寻求突围”？

语文“寻根”的种种吁求，都是出于对当下母语教学出现异化的理论抗拒与实践救赎。对于语文教学来说，“根基”即“家园”。“寻根”就是迷途者对于精神家园的寻找。

“根”是什么？我们尽可以把语文教育之“根”理解为“人”的语言能力发展，或理解为生生不息的民族文化，或理解为语言文字本身。然而，我们不禁要问：在所有语文之“根”中，最基本、最重要的“根”又是什么呢？不是别的，正是我们习焉不察的汉字。汉字是中华文化的根，也是中华民族的根，堪称语文教育的“根之根”。

如何认识汉字在母语教学中所处的根本地位

语文教师，几乎没有哪一天不接触文字。这么多方块文字，只是一个个由横竖点撇捺构成的符号吗？只是借以展开阅读的“工具”吗？人在语言中生存，在文化中生存，在某种意义上，也是在文字里生存。如此众多的文字活跃在我们的视野，跳跃在我们的笔下，它们可曾激起过我们的情绪意趣，激起过我们的文化怀想？对语文教师来说，“热爱祖国的语言文字”难道只是一句空洞的口号？

从文化意义上说，语言有温度，字词知冷暖。汉字是表意文字，是特别能引发人生联想与文化联想的文字。有些文字是象形的。比方说，你看这个“月”字，很可能就会想到人生的聚散离合，想到“露从今夜白，月是故乡明”这样的诗意，想起苏轼、李白……每一个汉字，都蕴含着极其丰富的文化信息。我们学习汉字的过程，就是学习与感受中国民族文化的过程。从语文教学的意义上说，汉字教学是基础，是根本。小学低年级教学的一个重要任务在于，会认和会写1 600～1 800个汉字。语文教师是在“语言文字”中安身立命的“职业人”，若没有对汉语言文字发自内心的爱，所谓的听说读写很可能成了功利性、技巧性的训练。重视汉字这个“根”，不只是在识字、写字这个时段，我们应当将这个“根”扎在所有的阅读课堂、写作课堂上，同时，还要让“根”延伸到课外生活中去。因为，美丽的文字就像一尾尾美丽的“鱼”，只有在文本的海洋里，它们才会显出应有的生命活力。

汉字看起来如此平凡，甚至平凡得让我们熟视无睹。然而，汉字里所蕴含的神奇往往超乎我们的想象。汉字之于读写的功能恐怕远远不只是“工具与符号”，其最大特点是它的“文化性”。“四四方方的中国字，堂堂正正的中国人”。文字是文化的载体，与我们的民族精神、民族性格都有着极深的关联。每个汉字的发展演变背后，都是一段丰富而生动的历史，都沉淀着人文精神。从汉字的造字过程看，许多文字都是对生活、对世界的诗意描摹，都活跃着远去的人事、风景与习俗，充盈着丰富而生动的文化信息。许多汉字里甚至沉淀着古人深刻的美学观与哲学观。比方说，“阴”“阳”二字，它往往成为人们描述世间万物衍生、运行、转化的生命力量。这不能不说是一种令人景仰的博大精深。汉字作为一种“形象”，还特别富有美感，中国书法的那种美学追求与人生追求、道德追求，往往是同质的，这都是相当奇妙的文化现象。汉字还具有情感性。有时，即令只是板书一个字，当学生的文学思维被教师唤醒之后，这个“字”很可能很快就唤起了学生丰富而细切的情感体验。正是这种情感内涵的挖掘，使得静态的文字变得丰富而灵动。

汉字教学不仅表现出审美的功能，同时还显示出“育德”的功能。“字如其人”“书者，如其人，如其心，如其志”，这些名言在某种意义上都透露出：汉字书写能显示一个人的思想境界与精神气质。应当说，汉字书写在提升学生审美趣味的同时，往往还能提升人的思维水平，启发人的心智。如果深入了解汉字的源流，我们会发现更多的文化奥妙。比如，从汉字起源看，“西”字一般代表女性，所以“西厢记”的故事肯定是书写那些发生于女子间的故事。

新中国成立60年来，我们最大的教育成就之一便是义务教育的普及。扎实有效的汉字教学对于义务教育的普及起着无可替代的作用。一个民族整体识字水平的高低，在很大程度上也反映着这个民族的素质。因此，我们完全可以站在“中华民族复兴”的高度来认识汉字之于整个教育的意义。

以文言为形态的传统汉语，其根本特点正是“字本位”，即以书面形态的汉字为本位，而不是以口头语言为本位。这个特点使得我们的汉语在构词方面显示出极大的灵活性。比如，当我们有了“车”这个字之后，与之相关的“火车”“汽车”“手推车”等全都可以由这个“根”生长出来。这一点是表音文字远远不及的。正是这种“字本位”特点，创造了学习汉语的极大便捷。我们有了3500个常用字即可展开读写。倘在英语学习中，一个只有3 500个单词量的人，是难以读写的。从这个意义上说，语文教育要因应汉语特点，应当从重视字的教学开始。

汉字富有形象美。像“山”“水”“日”“月”这样的字不是形象美，而是一种意境美、诗性美。仓颉造字恐怕只是一个传说，如此充满创意的中国汉字不可能是一人所为。我觉得，中国汉字在创造过程中，实际上蕴含着先人们认知与把握世界的基本方式，这是一种整体性的、天人合一式的思维方式，一种诗性思维方式。人总是自觉地按照美的规律来建构世界。因为汉字很美，书写汉字的过程也与生命运动、与审美需求之间存在着密切的呼应关系。几乎所有的美学规则都可以在汉字书写中找到，诸如均衡、呼应、俯仰、动静、轻重、缓急、节奏等都见诸汉字书写的过程之中。

对语文教师来说，最重要的就是拥有出色的语感能力，就是对语言文字有一种特别的感受力。最基本的语感，应当是关于汉字的感觉。一个对汉字形态、汉字精神、汉字运用都很漠然的老师，他是不可能有灵敏语感的。

当下汉字教学所存在的问题与归因

汉字教学，特别是人们谈论得更多的识字与写字教学的现状如何，存在着哪些突出的问题？来自一线的困惑究竟是什么？

当下小学语文教学在汉字教学这一块表现出来的最大问题是脱离具体的语言环境、脱离生动的文本来教字、教词，存在着“识字”与“阅读”两张皮的现象。究其原因，一是新教材编写缺乏识字教学的统筹性。新教材对学生识字的要求，归为两类，一是会认，二是会写。现在的问题是，“会认”与“会写”的字，很多时候是重复出现的。更重要的是，有不少要求“会写”的字，并未出现在课文之中。这就在客观上导致了教师孤立地教学生“识字”，而忽略了具体语境；在文本阅读中，又淡忘了关键字词的理解和品味。

没有调查就没有发言权。我们今天的汉字教学到底处于一种怎样的背景之下？一是整个社会对汉字与汉语的学习缺乏足够的重视。据报道，国家职业汉语能力测试在全国 11 个省市同时开考，19 个城市的考点中，只有 11 个正常开考，其余 8 个因报考人数未达 30 人而被迫取消。这则新闻，从一个侧面反映出社会对于汉语言文字的淡漠。另一方面，在这个电子化时代，“汉字书写遗忘症”正大面积爆发。与之形成反衬的却是海外日益升温的“汉语热”。在日本、韩国与新加坡，汉语与汉字正在成为必修课。

具体到当下的小学语文教学上，识字与写字教学的真实状况是怎样的呢？语文教师当然知道识字量越大越有利于打开阅读的大门。然而，从调查统计中我们发现，低年级学生的识字与写字教学任务实在是太过繁重！以人教版语文第三册教材第11课为例，这一课要求学生会写的字有12个，会认的字12个，其中课文下方某些注音的字还不包括在这24个字里面。这些字都是孩子们没有学过的。想想看，要让孩子在一天之内跟这么多生字见面，并且还得会认或会写，小小孩子能掌握这么多吗？若家长的文化素质高一点，可能在家里能给孩子以辅导，但薄弱学校、农村学校的孩子怎么办？教材所安排的识字写字教学如此之繁、如此之难，是否充分估计了低年级孩子的接受能力？如果孩子连最起码的兴趣都得不到保护，又如何谈得上“根”？对那些要求学生会认的字，教材连拼音都不曾标出，学生又如何来预习？因此，把握汉字这个“根”并不仅仅只是语文教师的问题，其前提是教材编写者的问题，是整个社会的问题。

当然，语文教师本身的问题还是相当突出的。现在的公开课上，似乎有一种风气，就是想方设法要以“课件”来回避板书，想方设法来抛弃黑板这一片“肥沃的土地”。为什么这样？很重要的一条就是现在语文教师的字写得好的越来越少。

在识字与写字教学实践中，我们普遍强调的是记忆，教学手段比较单一。说到底，我们树立汉字教学的理念还只是为了解决思想上的问题，真正落实还在于行动。现在小学教师的工作负担之重，亦恐非外人可以理解。“闲暇出智慧”，小学语文教师成天忙于琐事，他们对汉字教学的思考显得力不从心，何来那么多“智慧”？

加强汉字教学的策略与方法

小学识字教学的任务相当重，困惑也不少，这是事实。但是，这些都不是沮丧的理由。我们总相信，“办法要比困难多”。只要转变了观念与意识，从自身开始，一步一步来，总会走到收获的季节的。我们讨论的叫“汉字教学”，而不是“识字教学或写字教学”，这里面蕴含着很丰富的信息，或者说它提出了一个新的命题。简言之，就是我们关于“字”的教学急切地需要从技术的层面进入文化的层面。我以为，这是很重要的一个观点。

加强汉字教学，归结到一点，就是要扎根课堂，创造学习环境，营造学习氛围，以新的理念来引领自己的实践。除此之外，“汉字教学”非常有必要融入班级建设的主题之下。比如通过班级主题宣传栏“小荷展露尖尖角”这样的设计，可让学生感悟汉字的精、气、神，从而获得运用文字的独特体验。此外，在传统语文教学中，汉字教学是国学的重要构成，是通向“博”与“雅”的路径。

文字没有进入具体的语境之前，确实只是一个孤立与静止的符码。只有在文本之中，文字的力量才得以彰显。因此，通过阅读来识字，进而通过阅读来“炼字”都是重要的教学策略。理解作者“炼字”的心理过程实际正是汉字教学的高层次追求。只有在这样的时候，我们才会感觉到汉字的意涵与张力。如“山舞银蛇”“原驰蜡象”之“舞”与“驰”若不是在这样的诗句中，它们的气韵和魅力都是无从体现的。

加强与改进汉字教学，一是要呼吁教材编排的整体意识，做到文中有句，句中有词，词里有字。二是必须牢固树立在语境中、在运用中“教字”的观念，做到字不离词、词不离句、句不离篇。这种思想要贯彻于整个语文教学之中。具体到阅读教学之中，就是在突出关键字词的教学。三是公开教学要在这方面多加示范。

在文本阅读中扣住关键字的教学，是培养学生语感重要而有效的方式之一。教《闻官军收河南河北》时，可抓住“漫卷诗书喜欲狂”中的“狂”字展开教学。为什么“狂”？这就涉及诗歌所写的特定历史背景；怎样“狂”？学生根据诗句展开想象，还原“历史场景”，并与《春望》来加以对比，理解整首诗的内涵与意境。孩子正是从这个“狂”字走入了诗人的心灵世界。

教汉字要回到语境之中，要彰显汉字本身的生命与活力。要设置情境，让学生乐于识字。比方说，教这个“鲜”字，我们就可以调动学生的生活体验，启发：“鱼肉汤”与“羊肉汤”放到一起为什么会是最“鲜”的？要开展活动，让学生争着识字。与识字相关的活动形式相当多，如猜谜语、开火车，等等。要让孩子在活动中准确识字。要教给方法，让学生自主识字，最好让识字的过程变成孩子们探索与发现的过程，这样的识字才会让孩子有成就感。要拓展阅读，形成识字的良性循环。以识字开启阅读，又以阅读来强化识字。可向低年级孩子推荐的阅读文本多为成语故事、童话、寓言与简单的古诗。

识字与写字教学目标的设定应当富有弹性，考虑到城乡与地区间的差异。新教材把“会认”与“会写”两种目标分开，“会写”这一要求不能降低。现在孩子，识字似乎还不是太难，问题就出在“不会写”之上。一是写的速度相当慢，二是写得不好。这就要求我们要重视写字教学，把写字课排进课表。在方法上，要重视“字理教学”，要把写字作为语文评价与考核的内容之一。

汉字教学的关键在于形成对汉字的感觉，而不是简单地识记字形、字音、字义。明乎此，当下的汉字教学应尽可能地做到“缓一些，深一些，广一些”。缓一些，就是指量化指数别定得那么高，教学进度别那么急；深一些，就是在具体的文本语境或生活语境中揭示文字的奇特之处；广一些，就是要让识字、写字与书法形成一个层次系列。现在小学的识字教学确实存在过强的目的性与功利性，有着太过繁重的量的指标需要达成，这样很可能影响到汉字教学对于学生心灵、情感的润泽。

识字与写字教学主要是在低年级完成，这就意味着我们不能忽视儿童的心理特点。在这个阶段识字，最为重要的是要注重教学的趣味性。比如，为了认识并记住某个生字，我们可以利用“加一加”“减一减”“比一比”等办法，还可以跟孩子们讲识字的规律与方法，诸如“形表意、声表音”的形声规律。更为重要的是，我们要发挥孩子的主动性，让他们调动想象来学习生字，从而将生字学习与思维开发有机地结合起来。

作为一个隐喻，语文教学之“根”有着极为丰富的内涵。语文教育何以担当民族文化传承、民族精神延续的千秋重任？何以从传统读写中获得启示与力量？何以寻求真正适应并凸显汉语固有特点的教学策略与方式？何以彰显语文课堂的“语文本色”？凡此种种，均可归入“寻根”之旗下。

以“汉字为根”的语文教学，不仅是加强识字写字教学的语文教学，它还意味着在阅读教学、作文教学乃至整个语文教学和学校语文活动中，时刻都具备一种细致而敏感的“识字”“写字”“用字”“炼字”的“语文意识”。若从“字不离词”的角度考虑，也可广义地理解为“字词意识”。

因此，我们倡导的“把握汉字这条根”是一种着眼长远、观照整体的语文教学主张，也是一种“牵一发而动全身”的语文思想。

这种标榜深度的语文课，在本质上只是展示语文教师自身功底内蕴而无法真实见证孩子生命成长的课堂，是一种因为“深”而无“度”，最终失去语文边界的课堂。

岂能如此求“深度”

——与看云老师商榷

《读写月报·新教育》每期开卷即是安徽看云老师所写的专栏文字，它们都源自作者的课堂实践，而又不乏理性烛照。笔者偶读一二，能感觉出文章确乎飘逸着浓郁的书卷气息，足以见出“云卷云舒”般的行文风格以及不同流俗的思想姿态。此种随笔置于卷首，在一定程度上或许可以真让读者健胃开脾，一睹为快。

然而，最近读到《李白、孟浩然和凯莉》(下文简称为《李》) 一文（载 2008 年第 12 期)，感觉却有点异样。这种异样，非关文字，而是此文于标新立异背后所透露的语文教学理念，更准确地说，是小学语文教学理念。

要言之，这是一种以成人化、专业化的深度阐释为表征的所谓“深度语文”之教学理念。笔者以为，这种标榜深度的语文课，在本质上只是展示语文教师自身功底内蕴而无法真实见证孩子生命成长的课堂，是一种因为“深”而无“度”，最终失去语文边界的课堂。

且结合看云老师文中呈现的课例片段，略加申述。

《李》文生动地记录了看云老师教学《黄鹤楼送别》的精彩片段。

《黄鹤楼送别》出自苏教版小学五年级语文教材，此文系编者对李白之经典诗作《送孟浩然之广陵》的改写。因为课文从诗歌而来，学生理解起来并没有太多障碍。

从《李》文看，看云老师所探索的是如何运用情境的力量深化学生对课文的理解。为此，她特意以异域歌者凯莉的英文歌曲为配乐朗诵的背景音乐。仅仅就凭这样一支“一句也不懂”的英文歌，孩子们居然如有神助地伴着莫名其妙的歌声里的节奏，或激越，或轻柔，或高亢地朗读课文。甚至，曲终之后，待教师于黑板上写出歌名《失去你》时，“几个孩子掩面而泣”。如果看云的文字没有“艺术加工”的话，我们不得不惊叹于她那些学生的领悟力！选择了这样一支歌，老师便什么也不用说，学生就完全进入了诗文的情境，并且还感动得流泪。这岂只是“灵极了”，简直是“神极了”。不过，在这里，越是渲染孩子反应的“神极了”，也就越是消解了语文教学本身的价值。既然学生都有了这般超前的感受力，焉有教师教学之必要？

看云老师不适时机地以其煽情之笔将学生伴着歌声读完课文的感觉描述得格外玄妙。她这样写道：“这一刻，消融了古今中外的隔阂；这一刻，虚化了淡化了具体情境；这一刻，充满内心的只有一种普世的体验——爱的渴望，情的需求，对朋友的眷恋，对孤独的恐惧。”不知看云老师写下的这种心灵感受，到底属于她自己还是所有的孩子？从行文看，不像是写她自己，而是她班上的学生。若是真写她的学生，我们不得不惊诧莫名：即令是一个饱经人世沧桑的长者，他的体验很可能都达不到这种深度，而何况只是一群五年级的孩子？更何况只是伴着歌声朗读了一遍课文？我们实在不知要怀疑教学的真实性还是要忧思这种超前的“早熟”？

接下来，看云老师由此发表她独到的教学心得，即母语教学中的两大感悟途径，一是侧重于“境”的情境创设，以实现以“我”趋“他”的目的；二是侧重于“情”的情境创设，以唤起人同此心、心同此理的情感体验。初一听，这些论述似有新意。然笔者以为，这里的最大问题是将“情境”中的“情”与“境”处理为可以彼此分离存在的两种要素。试想，只要构成了“情境”，哪种“情”可以从“境”中抽离？又有哪种“境”可以没有“情”的内质？

从看云老师描述课堂的文字看，虽然她反复提及“学生”，但我以为，她的学生实际上并不“在场”。在这里，我们很容易欣赏到对文本的深度阐释，可惜的是，与其说这种深度属于对话性的课堂教学，不如说它属于独白性的文本研究。

我以为，对于小学语文课堂来说，这样的“深度”很可能是一种“美丽的错误”。具体到《黄鹤楼送别》一文的教学来说，五年级孩子学这篇文章有何意义呢？我想，最起码，所有的学生都要将《送孟浩然之广陵》背得滚瓜烂熟，能够一字不错地默写出来。这样的诗是经典，背熟了，会默了，足以受用终生。至于如何让孩子们理解得好，背得快，默得一字不错，那就取决于教师的教学艺术了。此外，既然课文是一篇诗文互现的文章，我们也不妨启发学生思考：作者是如何通过想象与联想将古典诗境转化成现代语言的？这种思考，当然不可能是空对空的对答，而应当以体悟与涵泳语言文字之妙为路径、为根基。

在载道文学观念的主导下，儿童诗里的教化篇章似乎更可能成为正宗。从大量的儿童诗里，我们更多地读到了成人对儿童的教诲与规训，读到太多的人生至理、太多与童心无涉的宏大叙事、道德教条与长辈教导……

重教化，还是重生命

这里所说的儿童诗即成人为儿童所写的诗，是一种因应儿童成长的独特文本。儿童诗的存在意义，在于开启儿童对诗歌的兴趣，唤起他们将童心赋予诗性的生命自觉，擦亮孩子发现生活诗意的眼睛，培育孩子的直觉与灵感，涵养孩子的审美趣味、生命本真与诗意情怀。

就像儿童文学在整个文学版图的地位相对边缘化一样，儿童诗在诗歌方阵里同样不引人注目，特别是在功利压抑审美、世故剥蚀童心的当下，在儿童诗里跳跃的那些美丽童心，正如幽微的烛光点点。

前两日，应某小学之约，参加了一个名之曰：新诗教与小学生创新思维能力培养的课题结题报告会。在搜索引擎上键入“儿童诗”之后，细细品读这些诗行，忽然对儿童诗作所呈现的整体面貌生出些许感慨。这种感慨，一言以蔽之，即面向儿童的儿童诗，如何走出千百年来几成心理定势的教化情结，如何尊重、呵护那些真正来自童年生命世界的诗意与诗情，如何避免空疏、生硬、冷漠的教化话语对细致、柔软、温暖的生命话语形成挤压与遮蔽？换言之，我们的儿童诗究竟是更加走向教化还是更加走向生命本身?

在零星看到的儿童诗作与儿童诗人里，特别令我心仪的是一个叫林焕彰的诗人。且随手摘录他的两首童诗。

红雨鞋

妹妹的红雨鞋，/是新买的。/下雨天，她最喜欢穿着到屋外游戏。/我最喜欢躲在屋子里，/隔着玻璃看它们/游来游去/像金鱼缸里的一对红金鱼。

下雨了

爸爸，天黑黑/要下雨了/雨的脚很长/它会踩了我们的/我们赶快跑!

读这样的诗句，与其说是在读诗，不如说是在读着生命原初时那份可贵的发现，可掬的稚拙、可爱的心语，它所构建的是一个晶莹剔透而又变化万方的童心世界。或许，在那些心灵为世俗硬化的成人那里，这些不过是些幼稚可笑的孩子话，他们看不到闪烁在这些文字里的那双澄澈的眼睛，更感受不到那颗异常敏感而又一点都不曾染尘的童稚之心。就是说，在成人式的、散发着功利与实用气息的价值框架里，这些童诗或许只是闹着玩的“小儿科”。然而，在笔者看来，这种童诗之于孩子的生命成长是那样的至关重要!它掠过太多庸常无趣的事象，向我们敞开了一个真实而美丽的孩子世界，一个充盈着儿童生命情趣、展示着儿童审美心性的人性世界。它是如此珍贵如此迷人，又是如此不可复制、如此不可替代。我以为，这些才是从孩子心灵出发、属于孩子自身的“生命话语”。

在这里，我们看不到那些习以为常的成人规训，听不到僵硬而简单的“教化之声”。何谓“教化之声”？就儿童诗来说，就是指站在成人社会之立场，将诸如思想、道德、伦理及习惯养成之类的训导赋予诗的形式，以达成儿童教化之目的。应当说，以诗作为道德伦理教化的手段与方法，乃中国数千年封建教育的基本经验。所谓“诗书教化，自古而然”是也。传统诗教，在很大程度上，其价值指向在于养成温柔敦厚的道德人格，在于将“温、良、恭、俭、让”等一系列儒家伦理观念及全部价值体系种植到幼童的心灵。总而言之，若追问传统诗教理论，我们发现，诗歌作为生命倾诉的美学价值在很大程度上被诗歌所衍生的教化价值所遮蔽甚至所消解。

在载道文学观念的主导下，儿童诗里的教化篇章似乎更可能成为正宗。从大量的儿童诗里，我们更多地读到了成人对儿童的教诲与规训，读到太多的人生至理、太多与童心无涉的宏大叙事、道德教条与长辈教导。我们看到，在形形色色的教化诗歌的影响下，孩子越来越不习惯于说“孩子话”，越来越不能从心灵出发写诗，而是从一些外在的、飘浮的大话落笔。

这是有来由的。你看，即令在幼儿园的童谣里，小动物的生命性都被强大的教化话语异化了。纺儿园的孩子在唱：“小象小象，为什么你的鼻子那么长？是不是爱撒谎，变成这样？”就这样，在奶声奶气的孩子那里，小象的鼻子成为人类嘲笑的对象。

孩子从小如此，我们听到太多腐儒们的童声表达，却听不到真正来自儿童的生命倾诉。

如果你有足够的雅兴，请将某一个生活语词视为一粒情人梅或青橄榄，在寂寞的旅途里缓缓品味，或将它当作一壶新沏的铁观音，轻轻吹散那些飘浮的热气，啜饮水里的春光春色……

话语里的文化遗痕

如果你有足够的雅兴，请将某一个生活语词视为一粒情人梅或青橄榄，在寂寞的旅途里缓缓品味，或将它当作一壶新沏的铁观音，轻轻吹散那些飘浮的热气，啜饮水里的春光春色。

你会发现，几乎所有的话语里都存留着或深或浅的文化印痕。

悠远而隐约，深刻而丰富，微妙而闪烁。

或许，方言的文化遗痕最为古远和朴拙。比如，浏阳话、长沙话都存有相当有意思的古代语词。浏阳人不说“洗脸”讲“洗面”，不说“炒菜”讲“焐菜”，“面”与“焐”便都是古语词，意即“脸”与“炒”；长沙话，讲细伢子“寻丝觅缝”，“觅”字读的是古音，读成“篾”，意思是“寻找”；不说到哪里去，而讲“到何址克”，“何址”看起来很土，其实比“哪里”要古远得多。

到了台湾，听台式国语，你很难说他哪个字词没读准，但你又分明感到它有着特别的调子或味道，总与纯正的普通话有点不一样，话语里有一种无法抹去的台湾风味。这种风味似乎糅合着闽南语的柔软和粤语的铿锵，还隐隐带有一种温存的质感与撩人的狐媚。

不可思议的是，稍微听过几次，非但不觉不好，反而感觉这种话语里有一种特别的质素，亲和而典雅，甚至还因缺了正宗普通话那种正统与规整而显得可爱而有趣。

你知道，台湾自古是中国的领土。早年它曾被荷兰人占领，明将郑成功收复台湾的英雄伟业早已刻入历史的丰碑。然而，1895 年，中日甲午海战爆发，历来以天朝自居的中国，竟被昔日前来朝贡的撮尔小国彻底击败。朝野震动，天朝梦断。作为战败国，中国将台湾割让给日本。从此，台湾进入了长达半个世纪的日治时期，沦为地地道道的殖民地，直至第二次世界大战结束的 1945 年，台湾才回到当时的国民政府手中。

50 年殖民地历史，铭刻在普遍民众记忆或书写于台湾历史上的，更多的是被奴役的屈辱和卑下。如今，殖民地民众的隐忍与屈辱，都被雨打风吹去。然而，在话语里，我们仍轻易地看到相当普遍的日本文化的殖民遗痕。

在台湾，计算房屋面积的单位，不是我们惯用的“平方米”，而是“坪”。“坪”，即典型的日本计量单位。一“坪”即两个日式榻榻米的面积。显然，这只是众多话语中的一例。即令是当下的台湾生活，日本文化的影子依然随处可见。上了年级的台湾人中，讲一口流利日语者，不乏其人。或许是历史的缘故，当下台日经贸交流依然相当频繁。我们看到，台湾满大街跑的计程车、公私小车，仍以日系车居多。台湾宾馆、商店分隔空间，特别喜欢用玻璃，普遍表现出对空间的节省，这与日本也是一致的。

到了台湾，倘要找人打听“方便处”，要说请问洗手间或化妆间在哪？而一般不要问“厕所”或“卫生间”在哪？我不以为这只是习惯的不同。将厕所称之为“化妆间”，或许此中亦有日本文化之遗痕。

从影视中看到，今日许多日本女子，特别是中老年日本女子，都习惯于化妆，脸上总要抹着一层粉底，眉毛总要修饬得细长细长，唇上大多涂有艳色的口红。台湾的中年女子，亦如是。是不是化妆成为日常所需，成为社会的普遍行为，才会将厕所命名为化妆间呢？至少有这种可能。

其实，对我们这一代人来说，“化妆”曾是一个极为贵族的语词，它甚至与资产阶级的腐朽、没落、靡烂、奢华联系在一起，所有“打破旧世界”的无产阶级革命者，都应当给予足够的鄙夷与唾弃，并旗帜鲜明地将“美”与“人性”都视为资产阶级的专利。

我们宁愿千人一面地穿着大裤子，穿着足以看不到女性曲线的军服，戴着帽子，在混乱的大街歇斯底里地呼喊口号，在贫穷的天地间歌唱着空洞的豪情。那时候，化妆意味着一种“被革命”的生活方式，我们何曾敢去碰触？

想想，在那样的情势里，我们做梦都不会将“厕所”称为“化妆间”吧！我们心底里那种对美的向往，也许只能寄托在归家途中采撷的一束野花上吧。

兴许与过去的岁月有关，很长一段时间，我不喜欢那些化妆的女子，特别是习惯性地将那种浓妆艳抹的女子视为浪荡风尘者。

在台湾，见那么多画着眉、涂着口红的中年女子，忽而感觉，化妆其实是一种文明的标志，也是对他者的一种尊重。从整体上说，化妆的女子与那些结过婚、生过儿女的大街女子或粗野农妇完全不一样，她们从来不是大大咧咧地打着哈哈，不是松松垮垮地嚼着槟榔，不是把衣服穿得稀里胡涂，不是一脸菜色。

她们所呈现的，与其说是一种生存质量，不如说是一种生活态度。它关乎现代文明，关乎美，关乎尊严与尊重。

其实，台湾的话语遗痕还远不止诸如此类的殖民文化。

今天年轻一点的帅哥靓妹多喜欢这样表达："这几天放假，你有去过同学家吗?"或"电影《阿凡达》挺火的，你有看过吗?"像我这样的老土，最开始总觉得这个"有"字是多余的。因为，我们从小就不这样说。后来，才明白这类话语最初来自台港影视。我思忖：为什么需要这个"有"字呢？这里的"有"字显然只发挥着音节助词的功能，那它是不是有点类似于英文中的"have"？"have"即"有"。你有看过吗？相当于英文所说"have you seen?"

如果真是这样，那么，这种言说的背后，其实是来自于一种英语文化的渗透。

曾几何时，与“吃饭”直接相关的活动总被当成至为根本的事业，而不与之直接发生关联的活动则显得无足轻重。因之，在我们的传统里，历来重视的是耕种，而手工业、商业从来都遭贬抑，更不用说琴棋书画这些雕虫小技了。

话语里的集体无意识

忽而对一些飘浮于耳边的话语生出莫名的兴趣，甚至想捉住它们放到手心细细端详，如同捉住草丛里那只平凡而不怎么张扬的蝴蝶。

记得小时候，常常因为某种有趣的游戏而疯癫和沉迷，如打陀螺，或滚铁环。玩得过分了，便免不了母亲的大声斥责：“玩，玩，玩，成天就晓得玩，玩能当得饭吃吗?”是的，不管多么好“玩”，毕竟当不得饭吃。于是，只能绕开怒气冲冲的母亲，将陀螺或铁环，轻轻丢到门后，转身拎起水桶去挑水，或拖个扫把去扫地。

“再好，也当不得饭吃”，这么冲口而出的一句话语，我们实在听得太多，也说得太多。

衣服那么贵，为什么要买？因为漂亮啊！漂亮有什么用？又当不得饭吃。是的，漂亮衣服当不得饭吃，漂亮老婆也当不得饭吃，金银财宝何曾当得了饭吃?

且不要让这个寻常的句子轻易飘过。

“当不得饭吃”说明了什么呢？说明“吃饭”是衡量一切价值的

基准，它是至高无上的，无可替代的。易言之，世间万事，没有比“吃饭”更大的事了。

在汉语中，与“吃”相关的表达，其内涵之丰富着实令人惊叹！

谋生叫糊口，岗位叫饭碗；受雇叫混饭，花积蓄叫吃老本；混得好叫吃得开，占女人便宜叫吃豆腐；女人漂亮叫秀色可餐，受人欢迎叫吃香；受到照顾叫吃小灶，不顾他人叫吃独食；受人伤害叫吃亏，男女嫉妒叫吃醋；理解深刻叫吃透精神，工作太轻叫吃不饱，负担太重叫吃不消，犹豫不决叫吃不准，不能胜任叫干什么吃的，负不起责任叫吃不了兜着走，办事不力叫作吃干饭……

吃饭是最基本的生存命题，当然也是高深的哲学命题。

人类总得在满足衣食住行等基本需求之后才谈得上自我发展与自我实现。但是，若将这个句子放到六七十年代、或更早期一点的中国，你会发现，这种话语里其实积淀着一种强大的集体无意识。

那是对于饥饿的忧虑与恐惧！毕竟，没饭吃的日子太多，饿死人的时刻太多！于是，在人头攒动的街市或静寂空旷的乡野，在中国的每个角落，人们见了面，最为常见的问候莫过于“吃了没?”

就这样，“吃了没”比任何惊天动地的历史事实都要深刻百倍地烙进了一个民族的记忆！站在时间的巷口，回望那近百年来蜿蜒的历史，在整个国家受尽列强凌辱的日子，在侵略者的铁蹄践踏我们尊严的日子，在内忧外患、连年炮火的日子，有多少时候，数以万万计的黎民百姓，他们可曾“家中有粮”，可曾真正吃得上一顿饱饭？是啊，当“吃饭”问题得不到解决的时候，谁能说还有比它更危及生存的大计？

从某种意义上说，“吃了没”由浸染着历史内蕴的话语演变成今日这一句无心的寒暄，此间不知隐去了多少伤痛、多少对生存的关切！或许，在其他国家、其他地区，“吃饭没”从来不足以成为一个问题，在我们这里却有着至高无上的话语地位。

然而，话语里的“伤痛”并不能被时间完全抹去。

当“吃饭”被历史性地视为生活第一大事时，一系列价值判断亦随之衍生。我们看到，曾几何时，与“吃饭”直接相关的活动总被当成至为根本的事业，而不与之直接发生关联的活动则显得无足轻重。因之，在我们的传统里，历来重视的是耕种，而手工业、商业从来都遭贬抑，更不用说琴棋书画这些雕虫小技了。以农为本、重农抑商的价值取向似乎已从“吃饭”为上的集体无意识中隐约可见。

由此带来的进一步问题是，我们习惯于将实践等同于劳动，甚至就是手工劳动，我们最欣赏的就是“日出而作，日落而息”，我们最不可原谅的就是坐到树下发呆与思考。罗丹的《思想者》雕塑，或许在耕种为先的农人眼里，只是一个伤风头痛的造型。

因为太过实用，太过庸俗，久而久之，我们远离了千奇百怪的想象，远离了天马行空的创意，远离了挑战生命的探险。我们在感恩于土地的同时，渐渐淡忘了天空的召唤；我们在奔波于温饱的同时，也渐渐失去了对生活的奢望与追求。

今天，我们早就走出了物质匮乏的时代，中国发生的翻天覆地的变化，已是举世瞩目。带来这种转变的根本标志，莫过于市场经济体制的建立与完善。

随着物质生活水平的提高，“当得饭吃吗”这样的质问早已稀缺，取而代之的是诸如“道德能值几个钱”“诚信能卖几个钱”“信仰能值几个钱”等金钱至上的冷漠反问。

这是不是意味着一种新的集体无意识正在此消彼长？

每当读到那些大而空的公文话语，读到那种飘如游魂一样的文字，我就想到自己在公园里的顿悟，想到“那一径饿了似的花香”，想到只有从心灵出发，才能抵达心灵的沟通密码。

从心灵抵达心灵

披着夕阳的余晖，穿过省体委前面那一小段嘈杂的热浪，便进入烈士公园西门。

大树参天，阴翳满地。幽花静默道旁，归鸟隐于高枝，湖水泛着银光……

公园内外，恍然两个世界。工业社会的蝇营狗苟与田园诗境中的天人合一，只有一墙之隔。

散淡的步子散淡的心。

远远近近、高高低低都是多年沉静的老树。或郁郁葱葱，冠盖如云涌山坡；或枝丫苍劲，树阴斑驳在脚下。

迎面走过的，多为执手携行的花白老者，偶有年轻情侣依偎于树下之长椅。

或许，只有在自然的宁静与和谐里，人们才有机会任心灵舒展，也才能真正自觉到心灵的敏感与细微。

就在某一个不经意的刹那，你会忽而生出某种顿悟，如千年菩提下的豁然。相较于这种生命顿悟，你会觉到，那么多纠结的忧怨、不平和郁闷，原来都非关根本，因而也无足轻重。

只要用心倾听，用心冥想，从老树跟前走过，其实就是从某个智者的膝前走过。也许是人生经历与职业习惯使然，独行的时候，对于文字的静悟与联想特别活跃。

有一段时间，穿过林阴道，行经湖畔时，路边便是一径长长的白色栀子花。

栀子花，花色纯白如乳，花香清香怡人。

也许，只要走过这样的花径，你就知道什么才叫“沁人心脾”。然而，文字里的花香永远不可能是自然的花香。

这便是文字的无奈。然而，也正是文字的魔力。毕竟，它把想象的空间留给了你，留给了他。

用什么语言来表达那一径栀子花到底香到什么程度？这是一个迷人的挑战。

那些优秀的作家常常以一种出人意料的语言来描述人情物事，你不得不惊叹于作者的感受力和汉语的表达魅力。就在那一径栀子香前，我忽而想起某篇文章里的一个句子：那一缕饿了似的花香。

好像是朱自清先生的句子吧？忘了出自哪篇文章。对，当时，那种栀子花的花香，向我扑来的感觉确实就像是“饿了似的”，是那么急不可待，那么不顾一切，那么击打肺腑，那么不可阻挡。

其时，正是下班途中，我正有一种隐隐的饿感。那时那地，我只觉得“一缕饿了似的花香”是何等神妙！不得不钦佩这种陌生化的文学语言的力量！

穿过那一径“饿了似的花香”，我忽而想到自己的写作。

文采不是修辞，而是思想与情怀。文辞的精致化，就是情怀的沉积与抒发，就是思想的定型与外显。离开了思想与情怀，便不可能有孤立的辞采。

每次新写一篇文章，开头几句总是最难落笔的。就像弹奏一支钢琴曲，最初的定音定调总是最难的。那么，只有怎样的开头才会令我文思流动甚或飞流直下呢？我的感觉是，从心灵出发，才能抵达心灵。

从心灵出发，意思是，下笔为文，一定要有这样的感觉：这些文字不是天外飘来的，而是真真切切从自己心里出来的，写的时候，似乎是自己的“心”在独语，在开口言说，胸口那里有一种被触动的感觉，虽然，明明知道“心脏”并非思想的器官。

敝帚自珍。且以三个人物报道的开头为例。

（一）

采访窦桂梅，北京正是寒风劲吹、天将欲雪的时候。

在清华西北的荷清苑，着一袭风衣的窦桂梅把我们迎进了她的新居。

我们的话题从她与孩子们之间的故事展开。说起与孩子一起走过的日子，说起对语文教育的理解，说起她走进童心的种种感悟，窦桂梅的话语里充满了思者与行者的快乐。

这是一种单纯而高尚的快乐，一种在平凡中演绎精彩的快乐，一种生命与童年相约的快乐。

（二）

四十好几的武建谋，玉树临风。你若见到他，印象最深的一定是他那双眼睛，那里有湖水般的澄澈、灵动与幽深。

眼睛是聪慧的象征。武建谋显然是湖南人所说的“灵泛角色”。在湖南，乃至在全国，他都是名符其实的“金牌名师”。

在绿树簇拥着红墙的青竹湖湘一外国语学校校园，在风里飘着花香的春日午后，武建谋并不愿太多地提及金牌。他的脸上更多的是淡定与平静。他更愿意谈起他 20 多年来对于中国基础教育的静思默察，谈起他对“何为美好教育”的心灵叩问。

（三）

黄祖训穿一件红色休闲西装，看上去蛮年轻的，脸上也没有积下太多的风霜。你绝对想不到，这个精致而优雅的男人已经在基础教育领域摸爬滚打了足足 40 年，而其中做语文教研员的时间已长达 30 年。

从 1979 年那个“中国的春天”开始，黄祖训是改革开放 30 年来中国小学语文教研的亲历者、见证者。30 年语文教研史，正是他的专业成长史，也是他的心灵史。

这些文字，都是从采访对象给我最深的感触着笔的。一下笔，我就觉得不是在“做文章”，而是在跟读者对话，跟采访者对话，跟自己的心对话。因此，都是从心灵出发的文字。

从心灵出发，所解决的是表达之“道”的问题。文字精致化的过程中，当然也很有技术的。比如语言的意象化，比如思想的提炼，比如词语的简洁美，比如诗意语境的营造。

回想起来，多年前，采访窦桂梅的情境与细节都是芜杂的，琐碎的，待我淘洗与选择之后，只留下了“天将欲雪”这个背景与第一次见到她“一袭风衣”的意象了。“思者与行者的快乐”是最高度的概括，至于“单纯而高尚的快乐，在平凡中演绎精彩的快乐，生命与童年相约的快乐”则是感触的具体化，也可以说是我的理解与思考。

武建谋是我昔日的同事，很熟悉。我是从他眼神着笔的。确实，他的眼睛长得特别大，这是他的特点。“风里飘着花香的春日午后”当然是有实有虚的一种诗性表达了，亦即造境。“他更愿意谈起他20多年来对于中国基础教育的静思默察，谈起他对“何为美好教育”的心灵叩问。这是我的选择，更是我的揣想。

黄祖训作为被采访者，被我称为“精致而优雅的男人”，当然是直达心灵的整体印象。“30年语文教研史，正是他的专业成长史，也是他的心灵史”，与其说是事实陈述，不如说是心灵发现。

文字是有生命的存在。

每当读到那些大而空的公文话语，读到那种飘如游魂一样的文字，我就想到自己在公园里的顿悟，想到“那一径饿了似的花香”，想到只有从心灵出发，才能抵达心灵的沟通密码。

第三辑　给教育一个远镜头

很多时候，我们失去的正是这种远镜头。

正如在泥泞中跋涉忽略了村落的美丽一样，种种世俗的追逐总是遮蔽着我们的视野，总是把我们的视野逼到屋檐之下，总是让我们以一种近乎偏执的近观，目无全牛地细察、沉醉、把玩，汲汲于琐碎的行动与事件之间。

教育的远镜头，是对教育本质的参悟与洞见，是关于教育的理想情怀，是担当教育现实的使命与责任，是面对未来的信仰、向往与歌唱。

给教育一个远镜头

特别喜欢唐朝诗人刘禹锡的两句诗：遥看洞庭山水色，白银盘里一青螺。

喜欢，不仅仅缘于诗人描山绘水的想象力。更重要的是，他选择一种遥看山水的视角。

对于寻常的教育生活来说，我们又何尝不需要这样一种远镜头？

当下的教育生活中无疑存在着种种纷扰、纠缠、困惑。如果我们的目光执意地停留于这些局部困扰之上，我们就可能会不自觉地失去开阔的思想视界，失去海纳百川的气度，失去对教育本质追问的激情。

是的，我们太需要从“功利性的教育近视”中走出来，太需要给教育一个既见树木、又见森林的远镜头。

教育的远镜头，是“天边树若荠，江畔舟如月”的高远；是“星垂平野阔，月涌大江流”的阔大；是“可远观而不可亵玩焉”的高洁……

教育的远镜头，是对教育本质的参悟与洞见，是关于教育的理想情怀，是担当教育现实的使命与责任，是面对未来的信仰、向往与歌唱。

遗憾的是，很多时候，我们失去的正是这种远镜头。正如在泥泞中跋涉忽略了村落的美丽一样，种种世俗的追逐总是遮蔽着我们的视野，总是把我们的视野逼到屋檐之下，总是让我们以一种近乎偏执的近观，目无全牛地细察、沉醉、把玩，汲汲于琐碎的行动与事件之间。

因为教育远镜头的缺失，我们听到了太多关于教育的牢骚、抱怨和义愤填膺，也看到了太多教育激情的隐退与教育思想的麻木。

教育本应呈现出怎样的景观呢？我们太需要以一种“他者”的眼光来审察自己，太需要以一种远观的视角来审察当下。

不识庐山真面目，只缘身在此山中。

从远处看教育，并非要把一切纷扰都看个真真切切、明明白白，而是要对教育事业保持一种敬畏之心，把满天教育思想的星斗当成注视教育凡俗的高远眼睛，始终不渝地追寻自己的教育梦想。

因为梦想照耀现实，我们得以拥抱平凡的教育生活，得以将教育生活演绎成流光溢彩的生命乐章。

教育需要远镜头，人生又何尝不是这样？

从细小的计较到强大的格斗、从蝇头小利到江山社稷，从战地厮杀到剪烛西窗，可曾有谁把这个世界看个清清楚楚？

因为人生远镜头的缺失，我们看到了太多的英雄气短与美人迟暮。

其实，远观，既是空间上的眺望，亦是时间上的回眸。人生的远镜头交织着空间与时间。它是星空的高远与大地的辽阔，是地球在宇宙里的缩微；它是消失的慌乱马蹄，是发黄的恩怨情仇。

我们不是不懂远观，不懂得给生活一个远镜头。只是懂得时，已经太晚太迟。你看那些处于垂暮之年的长者，他们拄杖徐行的时候，他们追思过往的时候，他们大梦方醒的时候，人生种种都不再“切己”了，他们几乎是以一种局外人的身份“遥看”世间。

村夫野老也好，风流人物也罢，或许，在他们回眸与遥看的视域里，人生不过是一场执黑执白的博弈吧？

棋盘铺在千山万水之间，铺在高天厚土之间，铺在纵横交错的地理与历史之间。而无数憧憧人影呢，都是一些行走的黑白棋子。

人生就是被围与突围的过程。

飘飘何所似？天地一沙鸥。沙鸥即人，即你，即我。

弗罗伊德曾把“我”分为“自我”“本我”与“超我”。我们不妨想象：有一个玉树临风的“超我”总在遥望着生活的远方。

因为这种遥望，我们拥抱世界，拥抱生活。

我们的教育探索或教育言说出现了航向的偏离。要返璞归真，站在原点上说些你我都能理解的话；要面对教育大众，面对教师群体，好好说自己的话。

教育言说别故弄玄虚

只要生命存在，人类不可能停止思考与言说。

当我们的心灵在夜色里沉静下来的时候，也许，我们会在某个不经意的瞬间对于时下流行的教育言说忽而生出一种惊奇：从什么时候开始，教育言说开始抛弃了生动而通俗的生活话语，抛弃了作为对话者的庸常大众？又是什么时候，人们习惯于以一套如此专业化、如此陌生化的学术言辞来表达对于教育的观察与思考、陈述自己的观点与主张？当下的这种教育话语体系、教育话语方式乃至教育话语习惯，究竟是什么时候铸成的？倘若离开或抛弃既有概念体系与理论名词，我们的教育思想会不会因此沉寂、失语？我们是不是就无法言说、无法建构所谓的“教育学术”？

我们到底有没有自己的教育表达

操着当下这套话语系统的教育言说者显然不可能从天而降。或许，在他们的中小学时代，他们和同龄伙伴一样写着充满灵性的青春文字，也曾以最鲜活的话语表达过他们的教育感悟。然而，自从他学了教育专业，或者进入教育行业，特别是成了教育学者，他曾经的话语系统就开始失效了。无论多么纯真的孩子，无论多么血气方刚的青年，当他经由学校教育和社会职业分工而进入某一个逼仄的专业领域之后，他固有的生命与自由便被强大的“专业框架”和“专业期待”规划着、型塑着、切割着。他被人为地划进某一个狭隘的“专业圈子”，并理所当然地要以某一套专门的理论话语来言说自己的思想，表达自己对世界、对生活、对专业的思考。我们看到，当有些专家一旦以专业身份来组织话语的时候，他们的言说与思想便不再是“二而一”的生命过程，而是一种“装饰与被装饰”的过程。即令他所要表达的思想不过是众人皆知的一则“教育常识”，作为论者，他所选择的话语方式仍远离生活话语。这样一来，大量的教育专业话语根本就不是与教育大众在对话，而是一种清高而空洞的“专业独语”。

每每读到那些试图以学术名词来掩饰思想苍白的教育话语，我总有一种质疑的冲动，总想向那些所谓的教育学者们发出疑问：中国的教育学究竟还能不能用自己的方式说话？我们到底有没有自己的教育表达？

我们的教育表达是不是只有这样才能显示其不可一世的姿势？

《学记》《论语》这些蕴含着丰富教育思想的言说，经过几千年岁月的洗礼而历久弥新，然而它们又何其生动、何其通俗？“温故而知新，可以为师矣”，“学而不思则罔，思而不学则殆”，“教，然后知不足”，等等，这些话语不说童稚皆知，至少对于教师来说，都是很容易接受和理解的吧，言简意赅，而思想灼灼。

有人会说，这些话语是文言时代的产物，受制于当时的书写技术，在电脑可以敲打文字的今天，我们总不可能再像古人那样“之乎者也”吧。是的，我们不要话语形式的复古，我们需要的是这种逼近教育现实与本质的话语取向和话语方式。几千年前的《学记》与《论语》传至今天依然光彩照人，当今学者，知名一点的，其学说或许可能流传几年，与千年相比，差不多是转瞬之间。

教育言说是否融入了教育生活

笔者对于当下的教育学术表达无法作出概观，更不想武断地得出令人扫兴的结论，而招人攻讦。但是，学者们心里清楚，当下的教育学术表达根本无法在一线教师那里获得广泛回应，则是不争的事实。应当说，太多太多的教育学术话语根本就无法走进、无法融入教师生动的教育生活。学者们的教育话语里，有着太多的艰深与无趣，太多的食“洋”不化，太多的“自说自话”，太多的隔靴搔痒，太多的“学术自恋”。

所谓学术话语，恰如山间不知名的野花寂寞地开在曲高和寡的学术象牙塔，开在极狭的专业田间，开在那些冷漠而生硬的理论刊物里。除了那个小小的学术圈子，没有太多的人理会它们的存在。

然而，学术话语偏偏又不安于寂寞。几乎每隔一段时间，教师的耳边就会飘来这样那样的学者言说。花样翻新的概念总在那些自以为是的论文里高傲地招摇。大量的所谓学术论文，其价值根本不是因学术创见而存在，而是成为大学里制造教授、副教授的“生产模具”。

教育学术不因它对教育现实的影响力而存在，而成为画地为牢似的专家唱和与专业认同。于是，一家理论刊物是否有学术影响，人们一般不是看它的文章质量究竟如何，而是看他的作者构成中有多少博导与教授。在这种充满浮躁与功利的情势下，所谓教育学术的表达便成为写给少数高级学者阅读的“精英话语”，真正参与、体验并实践着中国教育的教师们往往不知“大师”们到底想要表达什么。

笔者深感自己的教育理论功底的肤浅与理论思维的贫弱，亦曾多次下决心要恶补所谓的教育理论。于是，一口气购得十多本很知名的学术专著，有教育哲学，也有一般教育原理和课程与教学论方面的专著。我不能狂妄地宣称这些专著里竟然没有多少启发心智的真思想、真学问，然而我又不得不老实说，我并没有从中获得太多的真学问。尤为难受的是，大多数教育理论书籍往往语汇抽象，话语板结，引经据典，行文了无生气。特别是那些翻译过来的教育著述，很多句子教人似懂非懂甚至全然不懂。很多时候，一页页读下去，竟不知作者到底讲了些什么，只好从头再看一遍，但依然是雾里看花，不甚明白。就这样，很多教育著述实在无法卒读。

掩卷叹息之后，我在想，这些书所说的不就是"教育问题"吗？我拥有 8 年的基础教育经历与体验，又拥有 10 年教育期刊编采实践，甚至还获得了教育学博士学位，为什么读这些讨论教育的学术著述如此隔膜？如此费力呢？是那些著述的思想太过高深，我的经验与学识不足以理解它们并与之对话，还是那些学术话语本身就是一堆存心让人不明白的话语？

令我如此费解的这一堆堆教育话语，它们能否在中小学教师那里得到回应呢？这实在要打一个大大的问号。请不要像一些新诗人那样去可笑地宣称——我的诗是写给未来读者的。在这个世界上，真正写给未来的话语不多，像爱因斯坦那样的伟人毕竟千年一遇。我们还是老老实实说点给大众听的教育话语吧。

教育言说能回到原点吗

其实，我们的教育学术表达并非从来如此。只要你读读 20 世纪二三十年代陶行知先生发表的那些演讲、撰写的那些短文，你就会强烈地感觉到：那才是真正有思想的教育表达。相形之下，我们当下的教育学术表达实在走入了一种故弄玄虚的话语困境。

且看陶行知先生如何阐述“教学做合一”的教育主张的。他说：

教学做是一件事，不是三件事。我们要在做上教，在做上学。在做上教的是先生，在做上学的是学生。从先生对学生的关系说：做便是教；从学生对先生的关系说：做便是学。先生拿做来教，乃是真教；学生拿做来学，方是实学。不在做上用工夫，教固不成教，学也不成学。

在这里，我们根本找不到枯燥的术语与定义，见到的只有简洁而明确的思想。特别是，陶先生的话语短促有力，是非常典型的中国话，是足以体现汉语魅力的中国话，而不是那种令人生厌的翻译腔。

当下某些教育论述，较之陶先生的话语，不能不说是一种拙劣的文字，僵硬与死板的言说。它怎么能承载真正深刻的思想？

我们听到，当今教育学界有一个叫得很响的声音，那就是：教育要回到原点。就教育论述来说，我们的教育探索或教育言说出现了航向的偏离。要返璞归真，站在原点上说些你我都能理解的话；要面对教育大众，面对教师群体，好好说自己的话。

说自己的话，用自己的方式说话，就是既不要装神弄鬼，又不要粉饰思想，哗众取宠——我们需要这样的教育言说。

课堂如春泥，春泥里的每一株树都有独特的姿势、每一朵花都有独特的芬芳。我们有什么理由不以十二万分的睿智来选种、播种，以十二万分的细致来将美德与学问柔软地植入那些年轻的心灵，庄重地植入国家与民族的未来？

课堂如春泥

“落红不是无情物，化作春泥更护花。”

春泥，孕育出生命的绚烂与轮回。

“几处早莺争暖树，谁家新燕啄春泥。”

春泥，轻数着生命的细语与温情。

春泥，因春天而成为一个生命意象。在新叶如剪、绿韵参差的季节，在弥漫的草木清香里，春泥到处涌动着勃发的生命意志，也悄悄传递着舒适的温暖与柔软——那种属于母性的温暖与柔软。

春泥，是整个春天的“子宫”。

与春泥相关的联想是春水流深的涌动，是春雨随心的化育；是在心物交融、天人合一的境界里，等待、苏醒、耕耘、生长；是白菜薹尖颤动的梦想，是红菜薹里张扬的青春……

越是深味春泥的诗性内蕴与生命内蕴，越是感觉到它与现代课堂精神之间的彼此呼应。

课堂如春泥，昭示着现代课堂存在的根本价值在于促进生命成长。生命化课堂的第一要务就是让生命由贫乏走向丰盈，由浅薄走向深厚，由逼仄走向宽阔，由切近走向长远，由感性体验走向哲学凝思。一言以蔽之，生命课堂远不是知识主导下线性的传授与训导，而是珍视直觉与潜能，呵护好奇与创造，激励探求与超越的生命对话、生命交互的过程。

课堂如春泥，意味着课堂不可能处于凝固与静止的状态，它里面时刻充满着生命变化的玄机。那么，春泥究竟能给花草、树木和菜蔬以怎样的自然滋养呢？关乎万物生长的生命密码，我们无法以确证的话语来一一破解。我们只能凭借着生命科学提供的某些知识原理去做诸如环境与遗传、要素与结构、过程与功能之类的理性分析。生命变化的玄妙，难以用统计和定量的方式加以描述和呈现。从这个意义上说，对于那些真正尊重生命成长的课堂来说，决不可能以基于知识的认知去替代基于生命的体验。它永远都会强调生命体验，倡导“过程远比结论重要”。

课堂如春泥，意味着课堂的展开过程，从来就是主动的、内发的、渐染的，而不是急急忙忙、走马观花地游历“知识领域”，更不是急功近利地记诵断语式的些许命题与结论。生命课堂上的教师，总要以足够的耐心为那些充满求知欲的心灵，开启一个新的精神世界、美学世界。这种开启的过程，当然需要春泥之于花草的守候，等待，静默，谛听，唤醒。

杜威说，教育即生活，教育即生长。我们以春泥喻课堂，凸显的正是课堂的生长性。在弥漫着成长气息的课堂里，“知识”理所当然是一颗洒向春泥的种子。若站在促进生命成长的高度，我们不妨这样来追问自己：既然知识是“种子”，我们在课堂上所传授的“知识”是“良种”还是“劣种”？是“生命饱满的种子”还是“生命干瘪的种子”？这样的种子里是否有着繁衍与再生的生命基因？就是说，我们所传授的知识，是否具有启发性或可生长性？与“知识”相类的“种子”，还有美德、良知、梦想、创意等等。每一颗“种子”都需要经由个性化的生命体验而植入春泥。

当我们从课堂上听到那么多关于“死知识”的折腾、听到那么多无聊而愚笨的提问时，当我们从形形色色的试卷上看到那么多“死题目”的胡闹时，你会发现，关于知识种子的探问实在是理解“课堂如春泥”的开始。种瓜得瓜，种豆得豆。“春泥”如膏腴，播下怎样的“种子”，成就怎样的生命。因此，重提课堂的生命性，其旨趣正在于让我们看到课堂上“真正鲜活的人”。

课堂如春泥，意味着我们对自然生长规律的顺应与尊重。课堂是春天的泥土，而不是其他季节的泥土。此中的寓意在于，青少年正处于人生的春天。青春无法逆转，生命不可再来，课堂无法复制。教育之道，亦即自然之道。只有道法自然，才能在最美妙的时刻播种、耕耘，才有可能吸纳天地精华，感应泥土温度，转化生命的养分，成就生命的精彩。在春天这个大背景下来思考课堂之于生命成长的意义，我们才会对课堂产生应有的神圣与激情。

课堂如春泥，春泥里的每一株树都有独特的姿势、每一朵花都有独特的芬芳，它们所适应、所喜欢的泥土亦各有不同，对土壤的松紧、粗细、干湿、温度亦各有不同的要求。这就意味着生命的课堂从来都是个性的课堂、开放的课堂、呵护的课堂。你想想，春泥里的种子、根须、芽，都那么柔嫩，那么灵敏，那么焦灼地等待，我们有什么理由以“应试”的利剑去扼杀那些新绿与稚嫩？有什么理由不以十二万分的睿智来选种、播种，以十二万分的细致来将美德与学问柔软地植入那些年轻的心灵，庄重地植入国家与民族的未来？

“故事”是滋养生命的乳汁。无论是我们童年时代对于童话寓言的渴望还是市场环境下“故事阅读”的流行，以及故事元素之于大众演说的重要，都启示着我们：“故事”乃不可或缺的隐喻方式。

善教者善喻

一

古往今来，人类对于教学规律与教学方式的叩问与探寻从未止息。

关于教学问题的文章与著述，或许足以垒成“文字的长城”。然而，那么多的理论、那么多的建构，如同山间寂寞的野花，开了谢，谢了开。无数的声音消失在苍茫的岁月之中。

今天，当我们怀抱着寻根溯源的心情沿着历史逆流而上的时候，我们不得不以极其敬畏的心情仰望中国的先秦时代。那一篇彪炳史册的《学记》，虽然只有区区千余言，它所蕴含的深刻思想与教育智慧，足以照亮那一片古老而神奇的天空。

无论放到“历史”还是“世界”的坐标上，《学记》的理论价值足可以傲视群伦。即令用今天的眼光看，以“取法西方”为主的中国近现代教学理论，究竟在多大程度上丰富了或超越了《学记》的思想，我们确实还缺乏言说的自信与勇气。这既与《学记》本身达到的思想高度有关，更与近百年来中国教学理论抛弃传统根基、食洋不化而导致思想羸弱有关。

在诸如“怎样的教学是好的教学”之类的问题被大小专家以连篇累牍的洋化话语和空洞名词讨论得云遮雾罩之时，在一线教师被那些振振有词的理论话语指引得东奔西跑最终却感觉似是而非的时候，我们不可避免地出现了对于理论的“审美疲劳”。

就像农夫需要坐到田埂上细细打量那些拔节的禾苗一样，我们确实需要静下来想一想：面对教学这一人类最古老的活动，我们何时才能接近它的本质，怎样的教学才是好的教学？真的，我们需要回到原初，需要去掉所有理论与观念的遮蔽，回到教学事实的本身，回到教学发生的过程中。这种“回归”有点类似于西方哲学家所倡导的回到“现象本身”。

二

正是在这种时候，《学记》中那些穿越无数岁月的声音在我们的耳边回响。听吧：“故君子之教喻也，道而弗牵，强而弗抑，开而弗达。道而弗牵则和，强而弗抑则易，开而弗达则思。和易以思，可谓善喻矣。”意思是说，君子之教化就是善于晓喻。怎样才称得上“善喻”呢？就是引导而不是强迫人服从（道而弗牵），对待学生严格，而不抑制其个性发展（强而弗抑），启发学生而不将结论和盘托出（开而弗达）。引导而不强迫，使学生容易亲近；严格而不压抑，使学生充分发挥；启发而不强灌，使学生善于思考。

想想看，今天我们挂在嘴边的以人为本，或所谓尊重学生、等待学生、唤醒学生，所谓素质教育思想，几千年前的先人们不是都说过了吗？思想精神一致，唯语有简繁之别矣！

善教即善喻。《学记》中还有这样的话："君子知至学之难易，而知其美恶，然后能博喻；能博喻然后能为师，能为师然后能为长，能为长然后能为君。"显然，"喻"的含义远不是今天所说的"设喻""比喻"，而是"晓喻""明白"。因此，"博喻"不是多重设喻，而是左右逢源，因材施教。

有趣的是，倘若我们望文生义，果真将"善教者善喻"中的"喻"理解为一种隐喻思维，即善于以故事、寓言、比喻等感性方式来启发学生，这一命题同样深刻地道出了现代教学方法的真谛。

故事是隐喻思维中最为普遍的元素。后现代教学论者早就意识到故事元素之于教学的意义。他们提出的所谓（3S 方案）即包括科学(Sicence)、故事（Story）、精神（Sprit）等三元素。

确实，"故事"是滋养生命的乳汁。无论是我们童年时代对于童话寓言的渴望还是市场环境下"故事阅读"的流行，以及故事元素之于大众演说的重要，都启示我们："故事"乃不可或缺的隐喻方式。

三

在笔者看来，善教者，无不善于"隐喻"。真正促使我思考这一问题的事件，来自易中天、于丹、俞敏洪等学者名人的演讲魅力。我发现，他们的学术演说无一不是将"故事""比喻"等元素运用得炉火纯青、出神入化。

易中天的《品三国》，故事环环相套，自不必说。他之异于常人的地方，就在于特别能通过情境置换、打比方、作类比等隐喻方式将古人的神情姿态、心情意趣还原到当下，让他们似乎来到观众之中。于是，他把古人的聚会类比为时下的 party，他称周瑜为"周帅哥"，称孙权为"孙帅哥"，等等。他总能以最恰切的类比与比喻还原古人的生活，这是易中天的演讲魅力。只要看看他的《品三国》以及他的那本谈论美学的《破门而入》，其中很多例子不由得你不惊叹于易先生的聪明。严谨的书斋学者或许对易的这种历史解说嗤之以鼻，然而，数以千万计的受众选择了易中天。这一强大的事实将学者的微词真正变成了“微”词。

于丹在电视上的那套话语，理性中充满诗意，机警而触动心灵，如同一条欢快的话语流，启开你的思想，滋润你的心灵。于丹不愧读的是影视学，她的《论语》心得的成功，与其说是《论语》解读的成功，不如说是传播得法的成功。我们注意到，她几乎每讲一段都会引用一个启人深思的哲理故事。而每引一个故事之后，便是一连串充满见解、让人心智洞开的理性话语。

如讲到《论语》中“贫而无谄，富而无骄”一句时，她由衷赞美一个人能在贫贱中保持着做人的尊严和内心的快乐，然后生动地叙述了东晋大诗人陶渊明作彭泽令时的一段经历，再现了他“不为五斗米折腰”的真实背景，然后，她说道：“陶渊明的意义，不在于在诗中构置了一个虚拟的田园，更重要的是，他让每一个人心里都开出了一片乐土。”诸如此类的故事引入，在于丹的演说中占有相当的比重。像英国网球明星吉姆吉尔伯特的故事，贫穷女孩于圣诞节买头花的故事，苏轼与佛印的故事，日本铃木大拙书中关于禅师与武师的故事，《豪猪的哲学》之类的哲理小故事，等等，都被于丹信手拈来以佐其演说。

可以说，于丹每一回演讲《论语》都离不开故事的援引。不要小瞧了这一招，这正是于丹的过人之处。因为她深知，电视是大众传媒而不是纯粹讨论学术的地方，为求得雅俗共赏，她不得不借重于“故事”这份佐料。忙碌的现代人似乎对于这种“小故事、大智慧”的布道方式更能接受，“心灵鸡汤”之类的文字特别容易受到青睐。这是不是从一个侧面说明了后现代学者重视教学的“故事性”有其坚实的现实依凭？

还有一个口才“端的了得”的人物，他就是新东方的总裁俞敏洪。有一次无意中在中央台听到他跟大学生谈创业，那种理念、那份经历、那种口头表达，让你不喜爱不敬佩不行。

且举一例。他先讲述了自己的一段经历。他说，有一次，他到了黄河边，看到黄河水非常浑浊，于是，好奇地用矿泉水瓶装了一瓶黄河水放到岸边。过了几天，他发现了瓶子里的水居然起了巨大的变化，水不再浑浊了，细细的黄泥已沉淀到瓶底，只是很薄很薄的一层，瓶子里绝大部分还是清澈的河水。于是，他受到了启发：我们每天的心情其实也像这瓶黄河水。忧伤、失望、抱怨等不愉快的心情就像水里的泥沙，而快乐、希望、乐观的愉悦心情就是那清水。如果我们心浮气躁，让坏心情与好心情搅到一起，那么，我们的心情无法清澈。相反，如果我们学会了让不愉悦沉积到心底，我们的心情就会清澈起来，快乐起来，自信起来。试想，在这里，与其说是俞先生说的道理打动了我们，不如说是他的言说方式与众不同。显示这种不同的，正是“故事”，正是设譬式说理。

今天，我们做教师的，在课堂上是否善喻呢？我们能不能少一点空洞的说教，换一种故事性的隐喻思维来展开教学呢？

我相信，只有一个教师将要传授的知识真正化为了自己的东西，他才可能融会贯通，才真正自由地、灵活地“设喻”，才能让学生在妙趣横生的比喻或隐喻中，走进求知的堂奥。

其实，从思维方式说，“隐喻”在本质上是一种形象思维，也可以说是诗性思维，甚至也有学者称之为“象思维”。这种人类最原初的思维方式，它的特征不是归纳而是演绎，不是逻辑而是顿悟，它更加有利于人的想象、联想与创造力的培育。

欲成善教者，且自善喻始。

这里没有空疏的概念与术语，没有食而不化的洋学说和洋理论，没有板滞而冗长的引经据典，我们见到的，是一个当代教育家思想激流的奔腾与跳跃，是他立于高天厚土之间执著的教育追问和深切的教育反思，是他基于历史经验、现实观照与未来憧憬的学术建构，是从深切体验中生长出来的教育哲理与教育诗情，是他不同流俗的言说方式，是一种真正的大家风范。

特立独行的智者言说

在当下教育语境里，那些试图以艰涩言辞掩饰苍白思想的言说方式并不鲜见。越是对这种雾里看花、叫人半懂不懂的言说怀着不满与愤恨，便越是感受到张楚廷教育言说的鲜活、亲切、生动与厚重，越是对他教育思想的卓尔不群与教育言说的特立独行，心存景仰。

读张楚廷教授的教育论著，你立马可以进入一个充满魅力的言说世界，这是一段奇妙的思想之旅。

一页页品读那些交融着理性与激情的文字，总感觉自己一次次被唤醒，一次次被叩问，一次次被感动，一次次被折服，缤纷的情思仿佛在波峰浪谷间跳荡、滑翔。这里没有空疏的概念与术语，没有食而不化的洋学说和洋理论，没有板滞而冗长的引经据典，我们见到的，是一个当代教育家思想激流的奔腾与跳跃，是他立于高天厚土之间执著的教育追问和深切的教育反思，是他基于历史经验、现实观照与未来憧憬的学术建构，是从深切体验中生长出来的教育哲理与教育诗情，是他不同流俗的言说方式，是一种真正的大家风范。

执著追问

一切学问，缘于“问学”。

作为学者的张楚廷教授，几十年来，始终是一个执著的教育追问者与教育反思者。不论读他的《教学论纲》《课程教学哲学》《教育哲学》，抑或其他著述，都可以发现：在张氏著述里，最普遍、最常见的句子绝对是问句，或疑问，或设句，或反问，他的书里随处可见的就是“问号”。我以为，这是典型的“张氏话语”。这些问句总给人这样的感觉：张楚廷教授似乎就坐在你的对面，他那双充满疑问的眼睛一直看着你。他永远都有问不完的问题，既像自问，又像期待你我的参与和对话。那些大大小小、环环相扣的问题总是紧紧攥住你的心思，让你无法漠视，无法回避，无法逃离，甚至无法释怀。

问句运用之普遍仅仅是张楚廷教授言说方式在修辞层面上的一种显示，仅仅只是冰山露出一角。若我们的理解停留于此，无疑是一种肤浅。事实上，从张楚廷教授教育思想体系的构成到他每一部著述的问世，从著述的每一章节到章节中的每一段文字，我们都能感觉到他极其强烈的“问题意识”。可以说，不同角度、不同层次的教育提问，是我们解读张著、理解张著、领悟张著、品味张著的思维坐标。

打开张楚廷教授的每一部著作，或许你会注意到一个有趣的现象：里面那些章节标题从来不像一般学术著作那样字斟句酌、刻意精工，讲究对称与整饬，它似乎有点漫不经心、不动声色，像日常“讲课”与“谈话”一样，“我手写我口”，他的章节标题更多只是在标志着他步步追问的思维轨迹。以《教育哲学》为例，除前言和结语外，全书共 8 章。其中直接带有疑问词的章节标题就有 17 处之多。如“从哪里开始考察教育”这一章的 5 个小节有 4 个提问：即“教育中有多少问”“什么最重要”“教育曾经被怎样考察着”“从什么视角观察”；在“人是什么”的章目下又有“教育第一问”“谁提出第一问”“人有没有本质”“人被考察得怎样了”等问题。在节次中直接显示的问题还有诸如“关系给人带来什么”“自然哲学是一切”“规律不可以改变吗”“学校是什么”“教育何以善待社会”“社会以何善待教育”，等等。这仅仅涉及带有疑问词的章节标题，在《教育哲学》中每个章节的具体论述中，各种问句更是俯拾皆是。这种探询与追问，是张楚廷教授一以贯之的言说方式。

在张楚廷教授的教育追问中，最根本最核心者，莫过于对“人是什么”“教育是什么”“什么是人”“什么是教育”的追问。这是他追问的制高点。读其文，想其人。每当读到会意处，脑海里会忽而浮现这样的情境：在历史与时代的十字路口，一位孤独的思想者向我们走来。他怀着崇高的使命感与深挚的人间情怀，仰望苍天，俯察大地，在人与世界、人与文化、人与历史、人与人、人与自身的多重关系中叩问着“人之为人”的本质，思考着教育之于“人”的意义。他语重心长地对你说：对“人是什么”的不息探寻永远是“教育的第一问”。

张楚廷教授这样言说、这样思想，更是这样践行的。不论读他的课程与教学论、课程与教学哲学还是读他的高等教育哲学，我觉得，他所有的教育思想和学术构建都在表达着一种深刻的人学思想和坚定的人本立场。这种人学思想与人本立场表现在他深刻的“人论”中，表现在他对“自由教育”的深切呼唤中，表现在他对“教育公理”的提炼与阐释中，表现在他对马克思、恩格斯关于人的全面发展学说的原典解读中，表现在他的“五 I”（即信息（imformation）、兴趣（interest)、质疑（inqure)、智慧（intelligence）与直觉（intuition)）课程构想中，表现在他对人文引领的和谐课程观的建构中，表现在他对科学主义、社本主义的理性批判中，表现在他对人文与科学、艺术与科学的关系思辨中……站在人本与生命的立场上，张楚廷教授极其强调“人”的生命力量，珍视“人”在全部教育活动中的直觉、灵感、激情与想象，对于艺术的教育力量、人文的教育力量和美学的教育力量更是充满由衷的礼赞。

执著而永恒的追问必然导向哲学。正如张楚廷教授所说：“哲学是问了又问，问了一层又一层，问了一程又一程，问了一成又一成……哲学不仅问天、问地、问人，而且最重要的是自己问自己。只问天，是物理，只问地，是地理，只问人，是伦理，问这一切并进而问自己，这才是哲理。”

若具体从一部著作或一个章节的整体表达来考察“追问”，我感到：张楚廷教授的著作特别善于从既有的事实、观念和理论出发，沿着追问的路径掘开现象的表层，敏锐地发现潜伏的问题，继而从不同的视角展开深刻的剖析与反思。不妨看看张教授在《教学论纲》中对于“教学要素”的追问思路。首先，他要言不繁地呈现了既存于学界的几种关于教学要素的解说，然后连设三问：即“要素是什么”“问题的关键是什么”“基本要素（是什么)”。在此基础上，作者提出自己对于教学要素划分的独到见解。在他的划分中，诸如教师、学生、教材；教学规律、教学过程、教学本质；教学目的、教学原则和教学方法，都被重新组织到一个全新的体系之中，眉目简练而清晰。而他对教学要素的重新界定与分类，又成为后面讨论教学规律的重要理论参照。从这里，我们清楚地看到作者由追问而反思，由反思而建构的思维过程。

张楚廷教授的执著追问非但关乎宏观与整体，亦关乎微观与局部。在他的著述里，我们经常看到：在他思想的观照下，许许多多司空见惯的事实、原理、判断和命题原来并不那么“天经地义”。比如一般认为：学生的认识总是不断地由感性到理性发展的，总是不断地由个别到一般，从具体到抽象，从实践到理论的。这样的描述俨然成了“公理”，但在张教授的追问下，问题却没有这么简单。他举例说，学生学习辩证唯物论时，先要通过具体的、个别的例子来掌握“物质第一性”“对立统一”等规律，这一过程可谓由个别到一般，由感性到理性；但是当学生此后运用这些规律去观察自然与社会、理解自然与社会时，这便是由一般到特殊、由抽象到具体的过程。同样，学习牛顿的万有引力定律，固然会经历由感性到理性的过程，但运用这一原理去解释人造卫星现象时，则又是由抽象到具体。因此，在张楚廷教授看来，学生的认知顺序，并非简单的由感性到理性或由理性到感性，并非总是由个别到一般，亦非总是由一般到个别，而是不断经历感性到理性、理性到感性的反复过程。

在我的阅读印象中，张楚廷教授特别喜欢追问“常识”。比如语言是工具吗？语言是思维的外壳吗？无论哪种知识都离不开直接经验吗？而他的批驳总是独辟蹊径，切中命脉，令人茅塞顿开。

深切体验

中国古代存有两种截然不同的治学策略，即所谓“我注六经”与“六经注我”。前者隐含着“知识高于生命”的理智主义取向，后者却表达着“生命高于知识”的人本主义理念。应当说，任何一部严肃的学术著作，都不可能是天马行空地自说自话，它免不了要引述既有的事实、吸纳他者的思想与前人的观念。然而，现实的问题是，越来越多的象牙塔言说似乎都陷入“我注六经”的泥沼中不能自拔。读这样的著述，我们往往被重重叠叠的引文带入七拐八弯的文字迷宫。进入这样的迷宫，我们见到的都是杂乱的思想碎片，却找寻不到作者的真正思想，也看不到他创造性的建构。

然而，研读过张楚廷教授著作的人，都会有一个共同的感受：不论读他的著作还是论文，他从来不会在引经据典中迷失“自我”，他总是以一种“六经注我”的精神气度融汇百家思想，而成“一家之言”。他引用马克思恩格斯的哲学原典，引用哲学大辞典、教育大辞典的经典言说，他的字里行间时时透露出他知识的丰富、吸纳的广博、积淀的深厚，但他从不掉书袋。应当承认，张楚廷教授所有的阅读体验都有机地、完整地内化成了他的思想养分，内化成了他的教育智慧，内化成了他的生命力量。

每次打开《课程与教学哲学》，心中就会涌起一种强烈的感受。似乎不管多么复杂的教育理论和思想，只要到了张楚廷教授的笔下，它们立马就变得简洁、清晰、明快。现代课程观、后现代课程观早被各路专家阐述得玄而又玄，神乎其神，张楚廷教授却从课程模式建构的视角出发，仅仅以从“三 R”（读、写、算）到“三 S”（科学、故事与精神）和从“四环套”（指泰勒课程原理的 4 个提问）到“四 R”（即后现代课程观强调的丰富性、回归性、关联性与严密性）两个小节，即清晰地揭示出课程模式发展中的承续与创新。在对结构主义、后结构主义的探讨中，布鲁纳的结构原理、皮亚杰的结构思想，都被张楚廷教授梳理成几个清晰的要目与问题，而在对结构主义改造的理论探讨中，作者又充满智慧地引入亚结构、软结构、近结构、超结构与视角结构等概念，不但丰富和发展了结构主义的思想内涵，更重要的是，大大增强了这一哲学思想的现实阐释力。

我们或许会有这样的同感：置身于现代社会，太多的知识与信息、太多的观点与主张、太多的概念与范畴，常常令我们陷入公共思想或他者思想的包围圈，甚至被强大的公共思想与他者思想遮蔽、同化、湮没。我们的耳边不时会响起自责与抱怨：为什么读得越多反而越容易失语呢？读过张楚廷教授的著作之后，我才真正明白：什么叫知识的融会贯通，什么叫“为我所用”，什么叫从心灵生长的真切的阅读体验。

张楚廷教授曾说，“我所写下的，是自然流淌的。”我以为，吸纳百家学说而不为他者思想所囿，无疑是张楚廷教授之思想自然流淌的缘由之一。除了这种真切的阅读体验之外，张楚廷教授还特别善于联系生动的生活情境和真切的生活体验来展开理论的阐述与解说。比如，在讨论人的认知过程时，他就以形象而生动的句子描述了姚明在女孩心中完美无缺的青春形象，目的在于说明：尽管我们可以从哲学那里轻而易举地判断姚明不可能完美无缺，但女孩依然作出这种判断，这就提示我们：人的判断并非由认知所决定，自由也不是唯有与认知相关的概念。诸如此类由生活经验、生活事件引发的言说，在张楚廷教授的书里并不少见。他似乎喜欢以故事为原核由浅入深地展开和推进话题。在一次研究生学位论文答辩现场，某教授对论文大发感慨：这有什么用啊？这句寻常不过的感慨却引发张楚廷教授的深长思索。他质疑：“一定要有什么用吗？”他联想：乐曲《茉莉花》有什么用？徐悲鸿画的马有什么用？齐白石画的虾有什么用？牛顿的万有引力定律有什么用？爱因斯坦的相对论有什么用？最后他引出发人深省的反思：“这有什么用呢？这种庄严而轻率的问题使我们的民族蒙受了巨大的损失，使我们大大落伍了。”在我看来，这种于无疑处生疑、于细微处见深刻的表达，与其说是一种表达方式，不如说是一种治学精神，一种治学的思维方式，一种研究的智慧。

情理交融

不知从什么时候起，当下的学术表达似乎形成了一些“潜规则”。比如说三步五步之内即“引经据典”，比如说对于逻辑构架的倚重，对于概念、判断和推理的尊崇，比如说对于理性推演的迷信和对于感性描述的排斥。这些论著表达乃至结构的潜规则，使得大量的学术著作与论文总是板着一副学术面孔、正襟危坐，拒人于千里之外。特别是当下的教育著述，我们看到太多谨严而无趣、大而无当的理论建构，看到了太多的逻辑与理性，却看不到研究者原创的思想，内心的直觉、灵感与激情。

张楚廷教授的著作却是个绝对的例外。

《课程与教学哲学》这部厚厚的著作，我一读再读，感觉此中不但存在强大的理性力量，更有着智慧和激情在奔涌，有着浓烈的诗性在飞扬。《课程与教学哲学》的语言实在太好了，它总让我联想到李泽厚先生的《美的历程》。

在这部著述中，张楚廷教授的言说，常常是激情与智慧齐飞，感性与理性交融。比如他这样阐述逻辑与直觉的特点：“逻辑是让思维行走的结果，直觉是让思维飞翔的结果；逻辑如火车沿铁轨行驶，直觉如飞机在空中自由盘旋；逻辑在平静中运转，直觉在心潮澎湃中泛化。”

读这样的句子，我们真有点分不清这究竟是理性之“思”还是感性之“诗”？

我们可以想象张楚廷教授于书斋奋笔疾书的情形，那一定是一种“天门中断楚江开，碧水东流至此回”的豪迈境界。思想之闸打开了，就一路奔腾，外化为一串串激情奔涌、灵光四射的激扬文字。当这种喷涌的激情诉诸修辞技艺时，张楚廷教授对于排比式语句表现出情有独钟。显然，他要借助这种富有气势的句群描述和捕捉他翩翩起舞的思想精灵。

在《课程与教学》中有这样一段联想翻飞的文字。张楚廷教授由一个“神”字展开联想。先说神字表达丰富的思想，如神州大地、神乎其神、神圣同盟、神出鬼没等等，然后说人创造神字却太少用于自己。最后才说到教学：“我们的教学很少关注学生的神情、神思、神悟、神智、神态……更少关注他们的神奇、神妙、神姿、神采……尤其不能容纳他们的神气、神异、神怪，以及他们的神乎其神……”不要以为这是文字游戏，不要以为这是话语的狂欢，这远远不只是语言运用的技术问题，没有一流的思维品质，不可能产生这样的话语方式；没有作者对教育病态的洞察，就不会有这许多姿多彩的联想。很多时候，作者的情感和思维之闸一旦开启，话语简直就是飞流直下的瀑布流泉，訇然有声，一气呵成。

他这样论说体验：“体验是超越的源泉，体验超越经验而到达理性，体验超越物质而到达精神，体验超越暂时而达到恒久，体验让生命获得新的生命，体验让生命的光辉自然闪烁，体验不止则生命不息。”

他这样阐释“盲从演绎”的危害：“理解让位于背诵，质疑让位于聆听，反思让位于盲从。演绎万能论带来了课堂的一片寂静。我们教本的千篇一律的演绎面孔和教师对演绎几近盲目的崇尚，使得我们失去了想象的自由，失去了突破的胆量，失去了对前提质疑（即反思）的勇气，失去了对美感的强烈向往，失去了异想天开的活泼……”

从这些饱含激情的文字里，我们真切地感受到：在言说的世界里，张楚廷教授既是一个深邃的哲人，又是一个热烈的诗人。如果你有心，你会发现，《课程与教学哲学》里的许多句子都足以成为隽永与深长的教育哲言。比如：“真是生命之本，善是生命树上的花朵，美是生命屋脊上的太阳。”再如：“知识可以在心灵的表层落脚，而美感只会在心灵的深处安家；知识可以安插或嫁接，美感却只能培植孕育。”这样的句子与其说它是论著话语，不如说是美丽的教育诗句和深沉的教育哲言，是情与理的完美交融。

教师最可贵的人格，最博大的爱心，只能用行为作注。它的内涵总是那么精彩纷呈，而春蚕、红烛、渡船之类的比喻一不小心就成了滥调陈词。

文字只是一张皮。教育者的平凡和对平凡的超越，远比文章精彩。

比文章更重要的

或许是出于教育记者的职业原因，自觉或不自觉地，总会尊崇文字的力量，仿佛文字可以记录教育的全部精彩，可以承载教育者涌起的思维与情感。

意识到文字的局限，源于最近去一所重点中学的采访。与老师倾心交谈的那种热烈的场面，那份激动的情绪，如光焰一般总在记忆里闪烁跳跃。书本上那些理性而抽象的教育命题、教育理念，在老师们的述说中全都转化成了生动的经历、独到的体验与丰富的细节。从文章的角度看，师生之间的心灵故事里，没有一波三折的情节，也不见与众不同的立意，但是，老师们如鱼得水的那份成功、快乐与幸福却像阳光一样渗透着所有的语言。我感觉，那种单纯而崇高的教育幸福境界是一种无法言传的美好，文字无法抵达。

印象最深的是故事里那种亦师亦友的关系。师生关系的讨论与论述何止百千，可许许多多平凡的一线教师首先想到的恐怕不是在媒体上发表自己的见解。他们对教育的表达形式，更多的不是文章，而是一步一个脚印的实践与行动。他们把师生关系写在足球场上一起激动、欢笑、流泪的场面里，写在校园花坛边的倾心交流里，写在社会实践中心心相印的一个插曲、一段趣闻里，写在舒展的皱纹间，写在陶醉的表情里……

普通教师的教育激情与智慧就在这些平凡的琐事中潺潺流淌。在我看来，这种个性化的教育感悟，就像教育的海下冰山，文章能传达的永远只能是山之一角。

究竟什么样的老师就是好老师？一个不让繁忙与琐屑蒙蔽自己眼睛的教师，一个用心揣摩教育艺术、经常拥有发现惊喜的教师，一个能与孩子一起分享成长欢乐与忧伤的教师，他们都无愧于“教育”这两个美好的字眼。

教师最可贵的人格，最博大的爱心，只能用行为作注。它的内涵总是那么精彩纷呈，而春蚕、红烛、渡船之类的比喻一不小心就成了滥调陈词。

文字只是一张皮。教育者的平凡和对平凡的超越，远比文章精彩。

每天我们面对的课堂，黑压压坐着的全是充满灵性的孩子。我们是不是为了所谓的“师道尊严”而成天不苟言笑，是不是自觉或不自觉地将知识视为至上的价值？是不是有意无意地忽视了课堂里的情感交融与生命关怀？

愚人节的生命内蕴

一

愚人节，显然不可能是愚笨者的节日。愚人，乃愚弄人之意。

愚弄人，竟然成为一个特别的节日，成为一个历千百年而不绝的节日。这事多亏那些金发碧眼、习惯于摊手耸肩扮鬼脸的西方人想得出。

在我们这个道德至上、伦理为本的古老国度里，愚弄与欺骗、与戏弄相邻。愚弄长官、愚弄长辈者谓之“犯上”，愚弄他人亦是对人之大不敬。在国人的价值判断里，愚人，总被指责为不老实，不正经，不厚道。从孔夫子的训导开始，我们从来就强调作古正经，推崇温良恭俭让。即令有事值得开怀，最好也笑不露齿。似乎不这样，就不够儒雅，不够方正。

是的，我们早已习惯于背负，习惯于担当，习惯于长幼有序、男女有别，习惯于正襟危坐，习惯于原道和叩问苍天，习惯于修身齐家治国平天下。在我们的文化血液里，缺少的是狂欢，缺少的是柴米油盐之外对于艺术缪斯的浪漫深情，缺少的是尼采所说的“酒神冲动”。

正是由于这种文化风习的浸染，在绝大多数国人眼里，愚人节无非是泛娱乐时代商家刺激消费的一个噱头，是给好友发短信的一个契机。因此，在中国过愚人节，很可能会遭遇“吃饱饭撑着”的鄙夷、咒骂乃至愤恨。

二

生而为人，谁都是伴着哇哇啼哭来到这个世界，又无一例外地在亲友的热泪中告别人间。生命苦短，人生苦旅，学海无涯苦作舟……我们已如此习惯地将人生况味归之于“苦”。惟其如此，我们甚至会觉得“苦禅”二字确乎带有一种深远的参悟。人是理性的，高贵的，然而又是有限的，脆弱的。当失意、悲伤、厄运来袭时，佛祖的声音或许会从遥远的天国抵达人心的底层：苦海无边，一苇以渡……

尽管人生代代无穷，江月年年相似；尽管春花秋月亘古，往事飘若烟云。人类从来也不愿消极地活着，他总要寻求幸福，追问意义。无论男人还是女人，不管显赫抑或庸常，人类因为对生存意义的执著而变得高尚而痛苦，因为对于生命的挑战与超越而变得美丽而神奇。作为人，我们有一万个理由对自己说：既为人，就要有理性，有担当，有责任，就要铁肩担道义，就要生命不息，创造不止，就要直面生活中的种种磨难与苦痛。

然而，当我们以一种返璞归真的“减法思维”来反躬自省的时候，我们又不得不承认，我们不过是一群寄生于天地之间的匆匆旅者，一群有缘相聚于同一片历史天空下的过客。

我们有必要时刻让自己的生命始终处于背负状态，永远保持着庄严的表情吗？人之生命从来就不是手段，而是目的，任何形为物役的异化、任何脱离本真的奢华，都是对生命的失敬和对生命的粉饰。我们非常有必要释放生存的压力，非常有必要让自己守住生命最初的纯洁，非常有必要发自内心地纵情与开心。

当然，也就需要善意的愚弄、幽默与搞笑。这些都是最深层、最本质的生命需要。可以说，将愚人当成一个节日，在很大程度上，它所凸显的文化精神，不是政治的、道德的、文化的，而是生命本身的，它所映射的是西方人对生命灵性的忠诚守护，我以为。

三

翻开我们的日历，节日何其多。有民族化、本土化色彩浓烈的春节、元宵、端阳、中秋，有与国际接轨的劳动节、儿童节、建军节、国庆节、护士节，也有体现职场特色的教师节、记者节。每一种节日的背后，都有深厚的文化因缘，都有深远的意义支撑，都有久远的典故与风俗。每一个节日，都意味着一种仪式；而每一种仪式都是一种象征，一种寄寓。因此，节日是平静的时间之流里的浪花朵朵，它沉淀着太多的记忆、凝聚着太多的向往、寄托着太多的憧憬。

相形之下，愚人节算什么呢？难道愚弄他人也是一种“意义”吗？确实，善良的愚弄、友好的玩笑、出人意料的搞笑，何尝不是内在于我们生命的原始需求？生命里那么多重荷，人际间那么多功利，在无数庄严的日子里，我们多么需要一份简单的、透明的快乐！哪怕这种快乐只是来自于朋友间开心的捉弄！

如果说春节、端午、中秋之类的传统佳节，是我们与传统之间割不断的脐带，那么，愚人节让我们意识到生命本身的纯粹与简单。天下熙来攘往，在不同的时空场合，我们会相遇不同的面孔、不同的身份、不同的表情，他们的名片上写着不同的官衔、不同的学历、不同的职称、不同的服务领域与经营范围，然而，当这一切身外之物纷纷剥离，当我们如赤裸的孩子走在蓝天碧水之间，我们或许才会真正意识到：我们都是分属于不同民族、不同国家的生命个体，都是人类类群之一。从生命群类的意义上，从生死有定的意义上，我们原来都是平等的一员。既如此，我们还有什么必要在身份、地位、金钱等诸种功利对比中自怨自艾，还有什么必要让自己张狂炫耀、轻浮招摇，或那么谨小慎微甚至战战兢兢、如履薄冰呢？

四

愚人节，让我们回到自己的原点。

在喧闹的大街上或在田间地头，管你熟识的还是陌生的，让我们冷不丁地拍拍前边那个老哥的肩膀：老兄，谁在你的头上别了一枝茉莉？待他伸手一摸，请摊开你的双手，给他一个天空般灿烂的笑容：愚人节快乐！

是的，愚人节就是这样一个无大无小、无庄严、无使命、无寄寓却相当可爱的日子，一个关乎生命本身的日子，一个率真与纯朴的日子。

请不要拒绝愚弄与被愚弄，如果它是友善的话。很多时候愚与被愚都是一种纯粹的幸福。记得小时候吗？平时形影不离的邻家小子忽而跑到你面前，说："吃糖粒子吗？"等你接过"糖"，剥开漂亮的包装，却发现里面包的只是一粒小石子。于是，两个小家伙笑得滚做一堆。

为什么人越长大，这样的镜头就绝迹了呢？是人变得聪明了吗？不是，我们太世故，早已丢失了最可贵的幽默心态。

我们习惯于板着脸说话，习惯于阴谋与算计，习惯于拖腔拉调打官腔、斗智斗勇，习惯于运筹帷幄玩弄于股掌之间，世俗的尘埃让我们永远失去了那一颗赤子之心。

五

愚人，出于幽默。幽默又何尝不是一种可爱的人生姿态、生命境界？

每天我们面对的课堂，黑压压坐着的全是充满灵性的孩子。我们是不是为了所谓的“师道尊严”而成天不苟言笑，是不是自觉或不自觉地将知识视为至上的价值？是不是有意无意地忽视了课堂里的情感交融与生命关怀？

我们可曾跟孩子们开过玩笑？我们可曾放下所有的架子成为孩子的知音？我们是否让日日相守的那间教室不时传来欢乐的歌？

没有适度的轻松与幽默，没有生命张弛的课堂，将是失去生命质感的课堂；没有对生命自身的关怀，教育将成为生命的重负。太过在意于重负的教育是崇高的，却不一定是可爱的。

作为生命个体，奥运颁奖仪式是一个运动员最辉煌的生命典礼，最绚丽的生命辉煌。从这个意义上来理解杨威的那一声“我想你”，我觉得，它的意义在于为我们打开了一扇深刻理解体育精神的窗子。

最美丽的体育精神

第29届北京奥运会让我记住了一个中国男人的名字，他就是男子体操全能冠军获得者——杨威。

在所有的运动员中，这个中国男人带给我最深的感动。这种感动不仅缘于他以无与伦比的表现展示了世界体操运动的健美与力量，不仅缘于他以常人难以想象的艰辛赢得了举世瞩目的“全能王”冠军。在此次奥运会上，杨威只是中国运动员中众多夺金者之一，他噙着热泪、站在冠军领奖台凝视国旗升起的情景固然感人，但不足以让他与其他运动员区别开来。

与其他夺金运动员相比，杨威特别打动我的是他的一句话。在无数蜂拥的记者镜头前，沉浸在喜悦与幸福中的杨威，虽然也像所有夺金运动员一样，表达了对教练、对训练团队的由衷感激，但是，就在记者采访他的时候，他忽而话锋一转，激动地大声说道：“最重要的是，我想你。”当记者追问这个“你”是不是指他的女友“杨云”时，他坚定地点点头。

当着全世界那么多的目光与耳朵，杨威表达了心灵深处的爱之声

——“杨云，我想你。”是的，就在那一刻，杨威向世界展示了他心灵最真实、最美好、最让人感动的一面。那颗心属于最纯洁的爱情，属于最刻骨的思念，属于最美丽的人性。

“我想你”——深沉、坚定而深情的三个字，重重地叩击着我的心灵。在我看来，这是真正属于男人、属于爱情的声音，是心灵的天籁。

在我们的“自我觉醒”“生命意识”试图冲决“国家意识”“口号话语”的遮蔽时，能够听到杨威这一声亲切、可爱而感人的宣言，我真的被他感动了。这种感动要远远大于诸如“我要用自己的成绩证明中国人一定行”之类的民族自尊与生命自强。

设身处地地想一想，一个享受着甜蜜爱情的男人，还有什么话语比得上“我想你”更加动人呢？就因为这个“想”字，让我彻底理解了杨威，理解了这个男人胸腔里燃烧的爱情烈焰，理解了他最为强大的生命内动力。因为这种理解，泪水忽而盈满了我的眼眶。

是的，如果说微笑是人类共同的语言，那么爱是人类共通的情怀。人类对男人的价值期待一般都与建功立业、担当天下、志在四方相关联，然而男人首先是鲜活的生命，是有着爱恨情仇的个体，他建功立业的最大动力来自心中的爱。

这种爱不是抽象的，而是具体的；不是普泛的，而是真切的。因为爱他的心上人，爱他的父母与同胞，因此爱他的祖国、爱他的团队，爱他流淌于周身的文化血脉。

源于生命的爱，是一个男人生命迸发潜能的最大动力。古往今来，多少流传千古的精神文化成果，其创作者最原初的动力与其说来自时代召唤、社会使命，不如说来自他胸中的“爱人”。曹雪芹的《红楼梦》，不正是献给他爱人的伟大作品吗？

杨威之所以带给我一份特别感动，还与长期以来获奖运动员的话语内容与话语方式的模式化带给我的审美疲劳相关。

你看，大凡获奖的运动员，更多地习惯于表达他们对国家、对人民、对团队的感激，当然，我们完全理解这种话语的真诚。然而，我们又总会遗憾地感觉到：这种话语里似乎缺失了某种东西——缺少了一种源自个体生命的声音。我们的话语里有着太多的崇高，而少了一份真实与亲切。因此，我们很难想象，一个中国运动员如果像那个叫台蒙斯的射击运动员那样在两届奥运会都出现重大失误之后会是什么样子，我肯定，他绝不会像台蒙斯那般幽默而可爱："这样也好，我可以放心地喝啤酒去了。"

奥林匹克运动中所表现的体育精神显然有着非常丰富的内涵。诸如公平、平等、自由、参与、超越、梦想，等等。对于一个运动员来说，能够在这种全球性体育竞技中获得金牌，能够在万众瞩目中听着自己国家的国歌庄严地奏响，看着自己国家的国旗鲜艳地飘扬，那无疑是一种无上的荣光。在那样的时刻，运动员心中的"个体"与"国家"这两个抽象的概念会在闪烁的泪光中融为一个整体。因此，我们可以说，夺金的时刻属于运动员的国家，同时也属于他自己。

作为生命个体，颁奖仪式是一个运动员最辉煌的生命典礼，最绚丽的生命辉煌。从这个意义上来理解杨威的那一声"我想你"，我觉得，它的意义在于为我们打开了一扇深刻理解体育精神的窗子。

在世俗的眼光里，我们关注的是职业所拥有的公共资源和社会关系，我们何曾关注过职业本身的魅力？太多的外在评价让我们不自觉地掩埋了职业里所蕴含的神圣与庄严，掩埋了一种职业之于他人与社会的意义。

幸福是一种神圣

家长会接近尾声的时候，年轻而美丽的班主任老师说，她最后要送给每位家长一份小礼物。

此时，教室的灯关了。所有的目光都投向位于左前方的多媒体显示屏。

那是一段精心制作的影像与动画，也是一篇关于教育生活的诗意独白。独白者不是别人，正是眼前这位富有激情与智慧的班主任。甜美而深情的解说，一句句如琴音一般奏响。很有文采，有意境，有思想。特别是与解说相伴随的，是班上孩子的张张笑脸、是他们平时学习与生活的精彩镜头。每张照片都像花朵一般在春风里绽放着。

温暖与感动洋溢在教室。那是非常细腻、非常舒缓的独白，也是非常能触及心灵的抒情。

听着那么短短的一篇文字，不知不觉，我的眼睛湿润了。

我很感动，在那一刻。

“把职业当事业是一种幸福，我的职业是一名小学语文教师……”

老师抑扬顿挫的语气里有的是自信，是满足，是幸福与成功。一个对教师职业没有深刻体验与深度认同的人，不可能让这个平常的句子叩击着我们的心。

“我的职业是一名小学语文教师。”对，这就是你的职业，是教师，是语文教师，是小学语文教师。这是一个给你幸福的职业。老师在说这话的时候，与说她的职业是一名市长、一名教育厅长一样，语气里有的是认真与庄重、坚定与铿锵、知足与幸福。

有什么不好吗？我的职业是一名小学语文教师，我的生命与童年相约。

做一名小学语文教师，真的很好！请不要庸俗地提问：你每月拿了多少工资，你有多大的权力，你将来有没有可能做校长、当教育局长？我不是不关心这些。只是，我觉得，那些都不是人生追求的目标，它们都不足以衡量生命的全部价值。

你喜欢的就是这种职业，这种感觉，这种生命的意义；你喜欢的就是小学语文教师这种角色，这种生活，这种职业。这种神圣的认同给了你最深的幸福，即令它的代价无比艰辛。

我真的应当感动得泪流满面。什么时候，我可曾用这样的语气来说过自已的职业？我们可曾想过职业之于人生幸福的意义？

在世俗的眼光里，我们关注的是职业所拥有的公共资源和社会关系，我们何曾关注过职业本身的魅力？太多的外在评价让我们不自觉地掩埋了职业里所蕴含的神圣与庄严，掩埋了职业之于他人与社会的意义。

我做过教师，深深知道：一个小学老师每天有多少繁杂需要去面对！可是，今晚，在这间小小的教室里，当我看到影像里那些可爱的孩子时，看到他们跟老师一起开心地扮着鬼脸、懂事地相依相偎、开心地游戏时，看到他们在班级里快乐成长、增长知识、养成美德时，我觉得，做一个小学语文教师是幸福的，这种幸福来自于永远存留于心底的那份神圣。

人不可能是完美的。偶尔生气、偶尔抱怨甚至偶尔失落、偶尔浮躁，都是正常的。小学教师也一样，他们都不会因这种职业神圣而变成“神”。

一个教师如果每天只剩下生气、抱怨、失落、浮躁，他其实不只是职业倦怠，他已经失去了那份当教师的幸福感了。

他已变得“爱无能”。

只有当你把天空的星斗当成俯察人生的慧眼的时候，当你从纷繁与芜杂中退回到纯朴与单纯的时候，你才会突然觉得，所有的轻狂与自负都是对生命的一种嘲讽。

最谦卑的时候最接近伟大

“我们最谦卑的时候，最接近伟大。”

这是我无意间在长沙新东方学校的墙壁上看到的一个句子。这个句子的力量，远甚于那些“教育家格言”。

仿佛只在刹那间，目光就有触电的感觉。我分明感到来自心灵底层的一波颤动，一波亲切而温暖的颤动，如同闪烁的光焰。

人，最谦卑的时候最接近伟大。说得多好啊！我想，没有丰厚的人生的历练，没有细腻的生命觉悟，没有独到的心灵体验，不可能凝成如此美丽、如此智慧的言说。

思想与文字的魅力竟如此神奇！很多时候，走进一部洋洋数十万言的书籍，文字只如车窗外快速后退的风景，一掠而过，什么都不曾留下。而有些时候呢，即使只是与一个句子的邂逅，却足以令我们回味悠长。

何谓谦卑，何谓伟大，这个挂在墙上的句子足以令匆忙而拥挤的现代人驻足，凝眸，内省，沉思。

曾几何时，我们是那么肤浅地以为，谦卑就是胆小、无能，就是拘谨、附和，就是内敛、自卑，甚至还无知地将谦卑归之于封建伦理纲常对于个性和创造的打压与扼杀。

是的，在中国的历史记忆里，谦卑是一种伦理规范，一种处世哲学。我们的文化传统几乎将“谦卑”视为维护“人伦”之必需。

倘若将中国文化比作一壁铜境，那么，它一定清晰地映照着无数谦卑者的群像。

皇帝高坐金銮殿，满朝文武齐跪地上山呼万岁，那是一种谦卑；父子之间、长幼之间，点头哈腰、唯唯诺诺，那是一种谦卑；下级对上级，部属对长官，言听计从，作揖打躬，那是一种谦卑……

毫无疑问，中国式的谦卑意味着压抑、猥琐、虚假、奴性、奉承等矮化的生命姿势。倘若循着这种伦理型的“谦卑”一路走下去，我们非但不能接近伟大，相反，我们会因泯灭自我而变得平庸与灰暗。

或许正因为“谦卑”所背负的历史包袱是如此沉重，如此伤痛，以至于西学东渐之后，随着现代文化的浸染与改造，国人纷纷从数千年的伦理型“谦卑”里抬起头来。为了这一次抬头，人们不惜抛弃沉静、含蓄与谦虚的美德，而将所有的轻浮、躁动、无知无畏当成了个性张扬与人生自信。

这样一来，我们从伦理型“谦卑”的历史阴影步入无所敬畏的个人主义沼泽。

于是，我们开始远离了谦卑，甚至变得不懂谦卑。睁开眼睛看看当下，看看我们的身边，每天都要跳出多少不知谦卑的人物！在膨胀着的虚荣心鼓动下，在名利欲的追求中，他们动辄以“专家”“名人”“大师”自居，深恐自己为别人所忽略、所冷淡。为此，他们沽名钓誉，他们哗众取宠，甚而装腔作势，装神弄鬼，俨然一副大众启蒙者的样子。

我常想，我们的社会何以如此浮躁难当，何以如此难容寂寞，何以令神圣瓦解，何以令“炒作”成灾？一个很重要的原因，就在于我们长期曲解了谦卑，或者说根本不懂得真正的谦卑是什么，它对个体的人生修养到底意味着什么。

真正的谦卑，是一种与世界、与人类、与文化对话的生命姿势。

谦卑者，懂得用一颗真实的心去叩问世界，去倾听他人，去与天地人生对话。他会在这种旷古无边的对话中感觉孤独，感受生命的有限和个体的微茫。

唯其如此，他不能忽视每一种有益的思想，每一棵开花的树。

真正的谦卑，是一种对人类未知领域、对人类精神高度、对世间大美大德的深刻敬畏。

不是吗？在大自然面前，在日月诸神面前，在灿烂的人类文明面前，在古往今来无数高尚的思想者面前，我们的张狂与自负显得何其可笑，何其愚蠢！

站在奔腾的河边，站在广阔的星空下，我们所拥有的只是浮生之须臾，我们到底知道了什么？

苏格拉底说，我唯一所知的是自己的无知。

是的，无数平凡如我者，都微如草芥，都是生年不满百的一粒微尘。今天，我们面对一个旧村落、一栋老建筑、一座历经风雨的石桥，或者是塘边的一棵百年老树，我们都不能不慨叹人生的匆忙！

我们有什么理由不对天地自然充满敬畏呢？

举头三尺有神明。只有当你把天空的星斗当成俯察人生的慧眼的时候，当你从纷繁与芜杂中退回到纯朴与单纯的时候，你才会突然觉得，所有的轻狂与自负都是对生命的一种嘲讽。

敬畏，是一种经过历练的人生境界。

因为敬畏，我们接纳；因为敬畏，我们创造；因为敬畏，我们执著到永远。

有了谦卑，有了敬畏，天高了，地远了，人间有了包罗万象的大气象。

“谦卑”是生命面对宇宙、面对他者所采取的宽容、尊重与开放的态度，它让我们一天天靠近伟大——不是英雄式的伟大，而是平凡者的伟大。

请不要把“诗意”简单地理解为诗的情怀，诗意两个字诠释着忙忙碌碌背后的一切价值与意义，它把我们的精神生活引向美好；站在巨大宇宙时空背景下鸟瞰，我们的生命都只是非常短暂的一段流程；我们看到的永远都是结果，而带来结果的过程总是无法用逻辑去追问。

诗意·生命·成长

——生命教育的关键词解读

一

四月属于微醺的阳光，属于碧绿的菜畦与金黄的油菜花，属于懒懒飞翔的风筝，属于穿过丛林去看小溪水的蝴蝶。可是，四月的诗意似乎从来没有来到我的窗外，一成不变的灰色建筑从来没有季节的表情，而楼下的蔡锷路上，永远是匆匆的行人，永远是一辆接一辆的汽车由近及远地滑过。是的，川流不息的市声里从来没有季节变幻的消息。

窗外虽不见四月的诗意，可城市的喧嚣与嘈杂怎么也挡不住我心灵飞翔的翅膀。只要心中有激情，我的心依然可以在天上自由地飞，依然可以寻找到属于自己的春天。就从这并不宁静的办公室出发，让心灵起飞吧。穿过拥挤的车流，穿过楼下的盒饭店槟榔摊和无数潮湿的街道，穿过这阴沉的天、连绵的雨和发酵的空气，我知道，在并不遥远的地方就有碧水蓝天，就有无语的青山与成群的牛羊，就有天真的笑脸和浪漫的歌声，就会见到人间四月的种种美好。

荷尔德林说，人诗意地栖居在这个星球上。不得不对哲人的言说投以钦敬的目光，因为，正是这个看似简单的命题道出了人之为人的本质。想想看，如果我们去除了对生活诗意的追寻，我们的日子里还会剩下什么？我们还有没有真正的梦想与憧憬？请不要把“诗意”简单地理解为诗的情怀，诗意两个字诠释着忙忙碌碌背后的一切价值与意义，它把我们的精神生活引向美好。

就像我居于城市一隅而怀想整个春天一样，诗意的追寻会使寻常的日子生机勃发。有了这种昂扬的力量，你会对着一朵花微笑，你会知道忧郁的日子需要镇静，你会知道贫穷、苦难与生命的逆境都是我们在诗意追寻中可能要经历的驿站，这些驿站又往往与希望、与幸福、与成功毗连。

二

在键盘上敲击生命这两个字符的感觉与敲击阳光、天空、湖水并没有什么异样。

在山坡上嚼着青草的老水牛是生命，沿着墙角篱笆悄悄攀升的牵牛花是生命，谷堆边叽叽喳喳的麻雀是生命，在池塘边低低飞舞的红蜻蜓是生命……生命的世界是如此浩瀚无边，如此多姿多彩，我们实在没有办法用语言对生命加以定义或描述。老水牛、牵牛花、麻雀、蜻蜓没有自己的文字和语言，也没有像人类一样的自我意识，他们对世界、对生命都没有自己的思想与意识，没有自己的概念与话语。于是，动物的生命纯粹就是一个由生到死的自然过程。人类不一样，从遥远的先祖到今天的你我，人类始终在追寻生命的价值与意义，始终充满着理想与激情，始终在创造文化，创造文明，并以文化与文明作为自己精神的家园，而这些文化与文明所构筑的意义世界，又反过来规范和制约着人类的思想、行为与实践。

人无百年寿，常怀千岁忧。

人类的伟大不只是在于它是生命的高级形式，更在于他有超越生命的生命，他有着自己的意义世界。人类总是对世界、对历史、对未来怀着一种悲天悯人的关怀，为的是我们在这个星球上能有更好的生活质量，更好的生命状态，更辉煌的生命呈现。

站在宇宙巨大时空背景下鸟瞰，我们的生命都只是非常短暂的一段流程，而青春更是屈指可数的美丽光阴，如山间的野百合只能拥有稍纵即逝的春天。

如果我们不学习，不把生命融入文化浸染与文化创造之中，如果我们抛弃人类借以规范自身、发展自身、超越自身的价值系统与意义世界，我们与老水牛、牵牛花、麻雀、蜻蜓究竟有什么区别？如果我们不自由，不自在，不能全面发展，我们的生命还是不是幸福的、美丽的？

生命的美丽在于它的自由，在于它不断地走向完美，在于它永不停歇地超越梦想。这个世界飘着太多规劝的格言太多警世的名句，每一种现象背后都有无数种合理的解释。从生命的角度说，没有人能够替代你的生命，没有人能够帮你走完人生。你，唯有你才有权选择生命的航向。在一生的发展背景下思考自己的当下，某一次人际间的冲突，某一场考试的失误，某一种情绪的滋长，无一例外地只是暂时的，都将如云烟散尽。如果你把什么都背在背上、扛在肩上，除了感到生命的苦与累之外，你还能体验到什么？

生命是你的，你不去赋予它意义，谁去赋予它意义？你不去充盈它，谁去充盈它？

你不相信自己，还相信谁？

三

成长这个很有动感的词，总传达出在春风里绽放、在夏雨中拔节的力量。可是，这仅仅是一种感觉。当成长成为我们凝思的对象时，我们又觉得它是如此抽象，如此飘渺，如此不可捉摸。

成长是什么呢？院子里的那棵橘子树，当初是那么单薄，那么矮小，骄傲的公鸡与高大的黄狗老在它身边游戏、追跑。可现在呢？它已是浓阴遍地、绿叶满枝、青果累累，公鸡与黄狗不见了，只留下老母鸡带着十多只小黄鸡在斑驳的光影里觅食。是的，橘树在年年月月地成长，这是一个累积、渐进的生命过程，它一分一秒地真实展开，真实发生，却看不到这个展开与发生的过程。

也许，在某个清晨，正蹲在小橘树边漱口刷牙，不经意间，突然发现橘树的枝丫间发出了一条新枝，暴出了一颗新芽，长出了一片新绿。它是什么时候长出来的呢？是昨天夜里吗？是九点还是十点抑或今天凌晨？不得而知。橘子树长出新枝绿叶的力量来自哪里呢？是风吗？是雨吗？同样不得而知。

我们看到的永远都是结果，而带来结果的过程总是无法用逻辑去追问。

橘子树的成长里似乎充满了无数生命的玄机。我们解释不了橘子树的生命过程，只能对催生生命的阳光、空气与土壤怀抱一种敬畏与感动。

人的成长与橘子树的成长在本质上都是生命在大自然里的奇妙变化，但是，作为生命体，人与橘子树又不可同日而语。人乃万物之灵，他的生命不只是春夏秋冬的季节演变，人永远需要一种意义来支撑他的精神。人与人构成人群，人群聚合在一起，构成了社会。人在自然山川里成长，更在重重复重重的社会关系里成长。人的肉身寄于自然之中，而人的精神寄于文化与社会之中。

人的成长过程是怎样的呢？就像橘子树的成长一样，我们很难找到追问的方法与路径。我们会在某个瞬间忽而发现，曾经是那么坚强而高大的父亲鬓角有了白发，脸上有了深刻的皱纹，邻家那个满地疯跑的小姑娘，几年不见，竟变得亭亭玉立，明眸善睐。

人的成长就是这样不知不觉。等到我们发现了显著变化的时候，岁月已悄悄流去了一大截，人生已匆匆赶了好几程。不是吗？我们来不及回味童年，就到了青年；来不及回味青年，却又人到中年；来不及回味中年，转眼又垂垂老矣。

时间永远流逝，街市依旧太平。

在我们眼里，生活展示着它的平淡与平庸，展示出种种合理与不合理的存在。就这样，没有收到任何通知，我们就进入了人生的青春期。仿佛是一夜之间，我们长成了一支拔节的甘蔗，脸上有了忧郁，开始知道了伤心、牵挂与失眠。这时候的我们，不再像小孩子那样，随便什么都要问个“为什么”。我们以为自己懂得了不少，自己所面临的问题别人根本无法破解。因此，我们保持距离与沉默，不想追问，甚至觉得问了也是白问。就这样，青春期的头脑里开始生长着一种叫做“成熟”与“世故”的植物，这是一种只有杂草的蓬乱而无鲜花芳香的植物。

又过去了许多年，你见过了许多人，经过了许多事。你的青春期或许只留下一个尾巴了，如果你有幸没有让自己沉湎于琐细的繁忙之中，那么，随着阅历的增加与阅读的丰盈，也许我们会情不自禁地开始对目下的生活、对现实的世界发出各种追问。此时的追问比孩提时候的追问产生了质的飞跃。对于现存的一切，我们要追问它的合理性；对于纷纭的现象，我们要寻求某种真相与本质。

追问，是浸染青春岁月最生动的色彩。

追问的对象不择巨微，而追问的路径发散得如同太阳的光芒。你一定很熟悉“假如”这个词吧，“大胆假设，小心求证”，从古至今，正是无数天才级的“假如”点亮了科学家的智慧灵光，开创了科学发展史上一个又一个新的时代。到了文学艺术领域，“假如”成了诗人们放飞想象与憧憬的无限空间，成为他们表达生命感觉的一种角度。海伦·凯勒以一篇《假如给我三天光明》唤起了人们对光明与美的珍惜。现在我们开始追问：将“假如”这个词引入生命成长是一种怎样的情形呢？我们的成长里究竟有没有“假如”？站在现实的平台上回望自己走过的路，我们可以对自己的青春岁月作出不同的假设吗？假如当初不选择这所学校，假如当初没有碰到这样的老师，假如当初不读这样的专业，现在或许会是另一种光景吧？我们可以这样去想，但也仅仅只是想想而已，它丝毫不能改变过去。

人的生命都是一个不可逆转的过程，生命里原本没有“假如”，因为生命属于我们只有一次，青春也只有一次。

不要以为这只是一句常识，如果没有成长的追问，我们的思维就会被庸常所遮蔽，永远到达不了下一个驿站。

童年不可重复。那些在“空巢”里的留守孩子，我们忍心看着他们像山花一般静静地开放，寂寞地开放吗？

寂寞何止一座城

——关注农村留守儿童

在网上无意间点开一段关于中国留守儿童生活的视频。尽管只是剪辑后的几个片断，我的眼睛却一再潮润。

似乎有一种掀不开的东西压着我的心。

早就知道农村“留守儿童”的普遍存在，但真正意识到“留守”对于农村孩子意味着什么，这还是第一次。

幸福的家庭是相似的，不幸的家庭各有各的不幸。

所有留守儿童的故事与命运都是相似的——爸爸妈妈双双外出打工赚钱，年幼的孩子不得不留在爷爷奶奶、外公外婆身边。

打工赚钱为生计，乃人之常情。然而，迫于种种生存重压，很多年轻的父母一外出就是几年甚至十多年都无法回家。也许，当初走的时候，孩子才蹒跚学步；等他们回来，孩子早就背着书包进了小学。

“昔我往矣，杨柳依依；今我来思，雨雪霏霏。”离别与聚首，无数次在村口的公路上、在爬满牵牛花的篱笆前上演着。

在留守孩子的眼里，父母是什么呢？是多年前某个清晨去拼命追赶的泪光中的背影，是无数次归鸟投林时的梦想与凝望……

谁家爸爸不是儿子心中的高山？谁家妈妈不是女儿心中的港湾？

那个扎着辫子、个子高高的女孩子，为什么总是唱着《只要妈妈露笑脸》？为什么那个刚刚学会涂鸦的小男孩，执意要画一架飞机，飞向爸爸妈妈的城市？为什么那么一大群孩子对着夕阳的方向齐声叫着爸爸，叫着妈妈？

儿女的心与父母的心先天就是长在一起的啊！怎样的时间、怎样的空间能够阻隔这种无与伦比的人性之爱呢？

即使只在镜头里，我都不敢看那些留守儿童的眼睛。

那是一种贮满孤独、贮满忧郁、贮满无助与祈盼的孩子的眼睛。

那是一种令人心颤的寂寞的眼睛。

想想看，奶奶的灶膛前，或许也有着冬夜的光明与温暖，但哪有偎在妈妈怀里听故事的温柔？爷爷的菜地里或许也有挥汗的充实与愉快，但哪有跟爸爸一起猜谜语、下象棋的开心？爷爷奶奶、外公外婆是亲人，可他们毕竟老了，他们给孩子的爱又怎能替代源于血脉的父母之爱呢？

留守儿童有爸爸，有妈妈，可当他们最需要爸爸妈妈的时候，父母却在漂泊的异乡。在他们最伤心的时候，牵不到妈妈的手；在他们最快乐的时候，看不到爸爸的脸。

那是怎样深入骨髓的一种伤感与失落！

你别看那些孩子们在天清地朗的田野里跑着，跳着，疯着，追着，他们小小的心灵里只有寂寞在唱歌。他们何曾有过真正的开怀？

多少次，他们只能在灯下一次又一次小心翼翼地摩挲着爸爸妈妈的照片；只能在睡觉前一遍遍想象着与爸爸妈妈团聚的情境。那是他们一再咀嚼的童年欢乐，一种寂寞的欢乐。

这不是小城大爱式的寂寞，而是漫山遍野、空旷无边的寂寞，是天高水远的寂寞。

据统计，目前，中国有1.2亿农民常年于城市务工经商，产生了近2000万留守儿童。在一些农村劳动力输出大省，留守儿童在当地儿童总数中所占比例高达18%～22%。父母双方都外出流动，儿童不能与父母在一起生活的情况在全部留守儿童中超过了半数，比例高达56.17%。88.2%的留守儿童只能通过打电话与父母联系，其中53.5%的人通话时间在3分钟以内，并且64.8%的留守儿童是一周以上或者更长的时间才能与外出的父母联系一次，有8.7%的儿童甚至与父母没有联系。49.7%的孩子表示想和外出打工的父母在城市生活，但也有44.1%的被调查对象明确表示不想和外出打工的父母在城市生活。有24.2%的留守儿童与照顾他们的成人很少或从不聊天。

留守儿童的日子，一半在家，一半在校园。身为教师，我们该为孩子们做点什么？如果我们学校生活没有足够强大的爱心，如果我们依然只在关注孩子的成绩，如果我们依然死死地将孩子摁在书本世界里，那么，留守儿童的寂寞休说得到排遣，恐会更加深重，甚至影响他一生的人格发展与命运轨迹。

从这个意义上说，乡村教育的更大困境或许不在于经费与物质，而在于面临新的社会构成，在于新的儿童心理及其问题。

笔者也曾是乡村少年。时至今日，依然记得偎在灶台上、点着煤油灯写作业的情形，记得偷黄四娘家的黄瓜、李子、桃子的情形。虽然穿着补丁衣服补丁裤子，虽然多次从黄牛背上摔成狗啃泥，但在我的记忆里，那是一种温暖、快乐而健全的童年。与今日之留守儿童相比，我们不曾喝过娃哈哈，不曾吃过果冻，不曾看过彩电，不曾听过周杰伦，然而，我们每天在喜鹊的叫声里醒来，在泡桐树的沙沙声里醒来，在雄鸡的叫声里醒来，每个日子都是自由的、美丽的，尽管那是一种清贫的自由与美丽。

因为那些清贫的岁月，我的心灵饱满而丰富。今天想来，我们的心中依然会荡漾着一种温热而芬芳的气息，如同充满阳光味道的稻草馨香暗暗涌动。

不知从何时起，本来就空旷的农村，变得更为寂寥——除了白头翁媪和孩子之外，青壮年全都外出打工谋生。农村如同一个空巢。

童年不可重复。那些在“空巢”里的留守孩子，我们忍心看着他们像山花一般静静地开放，寂寞地开放吗?

面对留守孩子，且让我们抛开莫测高深的理论话语，践履为师者的天职，从切切实实的心理援助开始吧。

今天，生活在阳光下的人们，特别是站在讲台上的老师，应当将张米亚这个最后的姿态烙进记忆。这将是一尊立于心灵的伟大雕塑。雕塑的主题就一个字：爱。

矗立于心灵的伟大雕塑

公元2008年5月12日下午2点28分。惨绝人寰的里氏8.0级汶川大地震突如其来！大地疯狂摇晃，山石剧烈滚动，房屋轰然倒塌。只是一刹那，一声声沉重而巨大的闷响将无数生命的惊叫与哭喊全部淹没、掐断、掩埋。

茫茫天地间，卷起漫天尘雾，然后是死一般的寂静，是无边而沉重的黑暗……

尖利的瓦砾掩埋着多少鲜血、多少剧痛与多少呻吟啊！在深重的黑暗中，可怕的死神开始了对生命的肆虐。

在撕心裂肺的呼号中，掀开断壁残垣，呈现在我们泪眼中的，是成千上万的遇难者遗体，以不同的姿势诉说着生死较量的惨烈：一张写满惊恐的脸，一只从乱石间伸出的手，一个死死握笔的拳头……

在死神降临的那一瞬，生命表现出应急、抵抗与呼救的本能。

然而，在汶川映秀镇小学教学楼垮塌的废墟间，救援者却发现了这样一位遇难者，他留在人间的最后姿式是：身子跪仆在地上，双臂却紧紧搂着自己的两个学生。

他叫张米亚，年仅29岁，是映秀小学一名年轻的数学教师。灾难降临的那一刻，年轻的亚亚老师（他的同事这样叫他）用他的血肉之躯抵挡了坚硬的砖头与水泥板。人们发现他时，他早已冰冷而僵硬，而他臂弯里的两个学生娃却还活着！他搂得那么紧，那么紧，以至于为了救出学生，人们不得不强忍着巨大的悲痛，将他的双臂锯断。

在吞噬生命的灾难面前，紧紧搂着两个学生的张米亚，用他的青春和生命矗立起一尊伟大雕像和一块伟大的丰碑，那是惊天泣地的师爱雕像与师爱丰碑。

我们无法得知地下的情景与细节，展示在我们眼前的，只有那一双死死搂住学生的双臂！请不要愚蠢地追问：是什么力量让米亚老师把生的希望留给孩子，把死的危险留给自己？也不要肤浅地揣测，他是不是在那一刻也有恐惧与犹豫掠过？

一切来得太突然，转眼就被黑暗笼罩。因此，我们宁愿相信：米亚老师用双臂死死搂住学生的这一举动首先是出于一种生命的本能，然后出于一种职业使命。想想看，从地震发生到教学楼倒塌，仅仅只有12秒。来不及想，来不及说，更来不及权衡与选择。出于护卫弱小的本能，或出于教师的职业禀赋，他就那么随手搂着两个孩子，像风雨中鸟儿会死死护住翅膀下的雏儿一样。

其实，庇佑弱小，关爱生命，这是最伟大的“人性善”。为人之父母，为人之师长，我们总是需要担当起所有的苦痛与重压，而把所有的安全、舒适、轻松、快乐都留给成长中的孩子。废墟下的张米亚，以这个永恒的姿态昭示着生命本能的力量，昭示着神奇而伟大的爱的力量。

我们这么说，绝不是要消解米亚老师的英雄色彩。事实上，当我们将米亚老师的举动放到人性的天平上衡量，所有的道德标签都失去了重量！因此，与其说张米亚的举动折射着道德的崇高，不如说表现出人性的伟大和人的伟大！

29岁的亚亚，从未想过做什么英雄。他是一个特别富有爱心的年轻人。他那么喜欢孩子：下雨天，学生的鞋子打湿了，他一声不响地找来干鞋帮他们换上；邻家的孩子来玩，他一定要泡柠檬茶给他喝；他跟孩子说话，从来都是摸着孩子的头，温和地说着道理。他是那么热爱生活，那么开朗而热情。他戴着墨镜，帅帅地唱着歌；他穿着漂亮的T恤汗流浃背地奔跑在篮球场上；他激情四射地演讲……他乐于帮助每一个人，从不计较得失。亚亚，多么好的一个老师，多么好的一个父亲，多么好的一个丈夫！

如果不是这一场巨大灾难，不是在废墟里发现他那独特的姿势，我们永远都不会知道在映秀小镇还有这么一个可敬而可爱的小学老师！从这个意义上说，灾难与浩劫往往将人性的美丽烘托得令人心碎！

我们说张米亚老师对学生的呵护出于生命的本能，并不意味着什么人都可以成为张米亚。谁都可以宣称自己对孩子存有爱心，愿意牵孩子的小手、吻孩子的脸蛋，愿意给他们棒棒糖，然而，这样的爱往往出现在宁静祥和的阳光下。如果突然将对孩子的关爱推到生死考验的境地，那么，究竟还会有多少人能像张米亚老师这样伸出坚强的臂膀？这并不是一个多余的问题。

今天，生活在阳光下的人们，特别是站在讲台上的老师，应当将张米亚这个最后的姿态烙进记忆。

这将是一尊矗立于心灵的伟大雕塑。雕塑的主题就一个字：爱。

数学远不只是数字、公式、推理与归纳的学问，当人文的血脉流淌在数字世界的时候，我们会发现，创新并非单纯的思维品质变革，人文情怀才是最大的动因。

树上还有几只鸟

恐怕很少有孩子不知道这样一道智力题：

树上有五只鸟，开枪打死一只，还剩几只？

千万别说四只，只有不聪明的孩子才会那样不假思索。你想想，“砰”的一声枪响，四只鸟还会呆在树上不动吗？

恍然大悟之后，孩子们如获至宝，转背就会考他的小伙伴，而纯真的孩子们大多犯着同样的错误。

枝上的小鸟本是一群轻盈跳跃、振翅飞翔的生命，一群叽叽喳喳谈论、快快乐乐歌唱的精灵，一群有血肉、有亲情、有畏惧的脆弱生命。树上还有几只鸟？这道来自成人社会的脑筋急转弯，它所预设的前提正是小鸟对于猎枪的惊恐，是小鸟不同于瓦砾和石头的生命体验。

然而，自以为掌握着答案的成人，将小鸟仅仅视为本能逃避子弹的小生命，根本不屑于与给他们以关爱和怜悯，粗糙的情感冰封了温暖的人文想象。因猎枪的存在，我们沾沾自喜地否认了一道算式的适应性，并当成了一种小聪明四处卖弄。

在动物、花草以及一切自然生命面前，孩子远远不像成人那样粗暴、简单、自以为是。

树上五只鸟，开枪打死一只，还有几只？

正在我们守株待兔地等着孩子出错的时候，一个穿着碎花裙子的小姑娘沉吟了很久，凑在你耳边说：还有三只。因为，那一枪打死了鸟妈妈，鸟爸爸吓得赶紧躲开了，剩下三只毛茸茸的小鸟颤抖地偎在鸟窝里。

“也可能是四只，”一个小男孩放下手中摆弄的玩具，瞪着圆圆的眼睛，说，“那一枪打死了鸟爸爸，鸟妈妈吓跑了，但想着窝里的三个孩子，她又飞了回来。”

不要惊异于孩子的创造性，这不是简单的思维方式的求异与逆反，而是人文雨露催生的结果。孩子的思维与大人们想的不一样：小鸟不仅会本能地逃避子弹，而且本能地护卫幼小；不仅只在枝丫间跳跃，他们也像人类一样有家，有牵挂和不舍。

也许，只有孩子，只有还不懂得自私、残杀、征服、格斗的孩子，他们才会像对待自己的同伴一样，以一颗柔弱而善良的心灵去同情小鸟的生命处境。

数学远不只是数字、公式、推理与归纳的学问，当人文的血脉流淌在数字世界的时候，我们会发现，创新并非单纯的思维品质变革，人文情怀才是最大的动因。

人性的弱点里从来不乏懒惰与依赖、冷漠与自私、逃避与消极。在高扬个性的空洞叫喊中，有人把使命、服从、敬业都当成奴才与顺民的性格加以讥笑和嘲讽，在这种个性标榜者眼里，共同的理想与信仰都成了与己无关的空洞文字……

信使的寓意

——读《把信带给加西亚》

在中国文化中，“信”由书信这个原初意义引申为许多与美德相关的语词，诸如信用、信仰、诚信、信守，等等。送信的人，称为“信使”，这个职业往往让人联想到真诚与责任。

20世纪80年代，作家彭见明先生的《那山那人那狗》就是以信使为主人公的一部优秀小说。

《致加西亚的信》这个文本的轰动性远远超乎我们的想象。它最早刊登在美国一本叫《菲士利人》的杂志上，文章一出，这本名不见经传的杂志很快销售告罄，请求加印《菲士利人》的订单如雪片般飞来。

纽约中心铁路局的乔治·丹尼尔甚至一次要求订购10万册以书籍方式印刷的《致加西亚的信》。在车站发放时，这本书引起了俄罗斯铁道部长西拉克夫亲王浓厚的兴趣，回国后，他让人把此书译成了俄文，发给俄罗斯铁路工人和士兵人手一册。

日俄战争期间，日本人在每个俄罗斯士兵的尸体上发现了这本小册子，他们断定这肯定是一件十分有价值的东西，于是，它就有了日文版。日本天皇下了一道命令：每一位日本政府官员、士兵乃至平民都要人手一册《致加西亚的信》。至1915年作者逝世为止，《致加西亚的信》的印数高达4000册。这创造了一个作家在有生之年一本图书销售量的历史纪录。其后的80余年，该书被翻译成所有的文字，关于把信送给加西亚的故事，在全世界范围广为流传。

《致加西亚的信》因它深具的寓言意义而在更新生活理念上大出风头，在出版发行上也是独领风骚，目前各种版本累计销售量近8亿册。2000年被美国《哈得森年鉴》和《出版商周刊》评为有史以来世界最畅销图书，列在《吉尼斯纪录大全》之后而居第6名。

其实，如果单从文学与文章意义上观察，《致加西亚的信》称不上一篇精致的散文，比它结构更新奇，表达更生动，甚至议论更精妙的文章不计其数。但它拥有这些文章不可比拟的力量。与其说它是一篇说理的散文，不如说它是一篇关于人类精神美德的演说，是现代人如何对待工作、对待生活、对待事业的一篇寓言，一篇触发成长反思与青春反思的生活随笔。就像《谁动了我的奶酪》一样，它的寓意直指我们当下的生活与生存，带给我们直接的启示。

人性的弱点里从来不乏懒惰与依赖、冷漠与自私、逃避与消极。在高扬个性的空洞叫喊中，有人把使命、服从、敬业都当成奴才与顺民的性格加以讥笑和嘲讽。在这种个性标榜者眼里，共同的理想与信仰都成了与己无关的空洞文字。他们的心里没有崇高，没有神圣，只有他们自己。他们躲在自我的小天地里，以一种逃避的姿态，自作聪明地看着那些能够把信带给加西亚的人在风雨中前行，嘴里发出阴冷而自私的笑。

在他们那里，所谓个性，成了他们逃避责任、滋养惰性、怨天尤人的随身帐篷。逃避的结果是，他们眼里没有目的，没有团队精神，个人亦因缺乏精神笃定的力量而最终碌碌无为。

这是一种思想与精神的残疾。这样的人永远不可能为社会、为集体做出有益的贡献，当然也无法成为人类文明的推动者，他们永远只能是人性弱点的俘虏。

我们需要拥有知识与技术的人才，但仅仅拥有知识与技术还不够，他还必须能够“把信带给加西亚”。

跋

每个早晨，照例要急急地穿过那条夹在楼宇间的小径。

脚步总是太匆匆。某日，忽而欣喜地发现：一枝浅红细花兀自伸到了眼前，那般纵情，那般热闹，那般隆重！

仿佛是一枚暗夜的火种，将所有的记忆点亮。这不正是去年春天见过的那一枝花树吗？也是这样的早晨，也在这样的小径，也是这样的感触，一切还清晰如昨，季节却已轮回。

去年见到花树时，就有一种分享与传递春之消息的冲动，甚至想将它诉诸文字。然而，念头而已，终未动笔。

想不到，小径上这枝无名花树开了谢，谢了开，竟又是一个春秋，再度给了我一份春天的提醒。

日子，总是如水而逝。若不借用文字存留一点什么，很多时候，真的难以区分前天与昨天、去岁与今年。很多时候，某种情境、某个细节、某个表情、某句话语，总突然让我们产生似曾相识的恍惚感，仿佛那些情境、细节、表情、话语，都曾出现过。雨夜凝神的时候，湖边散步的时候，灯下读书的时候，我总是被无数“似曾相识”的感受弄得不知今夕何夕。

我们都在时间之流上不停地漂。

山高月小，浮槎而下。

在与天地共往来的生命漂流中，或许该为这庸常生活寻求点意义与慰藉？这么多年来，我一直以教育为业，无论是做教师还是做记者、做编辑，“教育”始终是我旋转的舞台和探寻的石级。

如果说要给日子留下点印记，那么，这点印记应该属于教育。攻读完博士学位，评上了编审职称之后，我以一颗宁静的心，静静地体验，默默地思考，并以教育博客为对话场域，不断激励自己将稍纵即逝的所思所想变成或长或短的文字。

感谢湖南师大教科院的刘铁芳先生，感谢湖南教育出版社的李军先生，是他们的深情厚意成就了这本随笔的出版。

我想，我所表达的是一些教育的美丽与忧伤，是我的一份教育理性与教育诗情，是一种超越庸常的教育怀想与教育眺望。

且让我们别再那么近视，那般功利；

且让我们给教育一个远镜头。

2009 年 4 月

图书在版编目（CIP）数据

给教育一个远镜头 / 黄耀红著. —长沙：湖南教育出版社，2010. 4
（树人书屋）
ISBN 978-7-5355-6524-2

Ⅰ. ①给… Ⅱ. ①黄… Ⅲ. ①中小学—教学研究—文集 Ⅳ. ① G632. 0-53

中国版本图书馆CIP数据核字（2010）第057091号

给教育一个远镜头

黄耀红 著
责任编辑：李军
责任校对：杨美云
湖南教育出版社出版发行（长沙市韶山北路443号）
网　址：http://www.hneph.com　http://www.shoulai.cn
电子邮箱：228411705@qq.com
客　服：电话 0731-85486742　QQ 228411705
湖南省新华书店经销　长沙化勘印刷有限公司印刷
710 × 1000　16开　印张：14.5　字数：166500
2010年4月第1版　2010年4月第1次印刷
ISBN 978-7-5355-6524-2
G · 6519　定价: 18.50元
本书若有印刷、装订错误，可向承印厂调换